谨以此书献给我的奶奶

哪有没时间这回事 II
自律的力量

纪元 ◎ 著

图书在版编目（CIP）数据

哪有没时间这回事2 / 纪元著. --北京：北京联合出版公司, 2017.12（2020.12重印）

ISBN 978-7-5596-1173-4

Ⅰ.①哪… Ⅱ.①纪… Ⅲ.①时间－管理－通俗读物 Ⅳ.① C935-49

中国版本图书馆 CIP 数据核字（2017）第 262730 号

哪有没时间这回事2

作　　者：纪　元
出 品 人：赵红仕
选题策划：北京博雅广华文化传媒有限公司
责任编辑：管　文
特约编辑：李淼淼
封面设计：零创意文化

北京联合出版公司出版
（北京市西城区德外大街 83 号楼 9 层 100088）
天津市祥丰印务有限公司印刷　　新华书店经销
字数 118 千字　　880 毫米 ×1230 毫米　　1 / 32　　6.5 印张
2017 年 12 月第 1 版　　2020 年 12 月第 4 次印刷
ISBN 978-7-5596-1173-4
定价：48.00 元

版权所有，侵权必究
未经许可，不得以任何方式复制或抄袭本书部分或全部内容
本书若有质量问题，请与本社图书销售中心联系调换。电话：010-82894445

目录

自序

第一章
自律者的自由生活

自律星人真的混入地球了吗
- 002　米歇尔的两块棉花糖
- 003　可怕的对比
- 004　更可怕的简化
- 006　有意志力但不自律

人类的基因写满缺陷
- 008　我们身上是否存在自律的基因
- 009　人目寸光
- 011　走为上计
- 012　冲动是魔鬼
- 013　你还有救吗

自律者的启示	015 你的抉择是什么
	015 到底什么是自律
	017 这不是一部葵花宝典

第二章
自律者在想什么

你误会自律者了	020 放松不是放纵任性
	021 找刺激都高大上
	024 顺水推舟，逆风飞翔
	026 自律"反人性"？

面朝未来，	028 赢家和输家的界线
春暖花开	030 检视你的时间观念
	030 幸福的过去
	032 快乐的现在
	033 成功的未来
	034 我还有救吗

与截止日期 和谐相处	036	先升级操作系统再打游戏
	037	自律者也拖延
	039	什么都不耽误
	041	临时抱的佛脚是臭的

建构生活方式	043	为自己"编程"
	045	习惯是一道分水岭
	047	被低估的十年

释放巨大潜能	049	勇敢地做最好的自己
	051	有一个自我要实现
	052	做一个顶级自律者是怎样的体验

第三章

非对抗式改变

自律者都是"善 变"的人	058	改变的意愿不等于改变的能力
	060	习而时学之
	064	改变没有方程式
	068	战胜自己?别!

别怕"烂开始"

- 071　用力过猛
- 073　追求过高
- 074　事预则立,不预则废
- 078　用利器撬动改变
- 079　请专家破题

让改变清晰可见

- 082　Loser只知道自己不想要什么
- 085　改变是一大坨行动
- 088　你无法凭空改变
- 090　行动的设计思路
- 093　一切都是行为

打一局改变游戏

- 097　本该拍手点赞,却说自己很烂
- 099　头脑简单的人玩不了这游戏
- 101　观察、判断与反馈
- 103　建立自知之明
- 108　没达成目标不是失败
- 110　制造出"我能"的感觉

人生充满问题

- 113　不解决问题,就会成为问题
- 114　学会提出解决问题的问题
- 117　搞不清楚状况
- 119　你的目标到底是什么
- 121　是什么在阻碍你
- 124　用新行动扫清障碍

从努力坚持到坚持努力　　127　完整的改变过程
　　　　　　　　　　　　132　自律的改变

第四章
自律者的技能清单

迅猛行动的技能　　　　138　随手记出行动力
　　　　　　　　　　　143　从清单中找回掌控感
　　　　　　　　　　　149　切分切掉拖延症
　　　　　　　　　　　151　细化出效率
　　　　　　　　　　　153　切换出专注
　　　　　　　　　　　156　日清,不再债台高筑
　　　　　　　　　　　159　分段,合适的时间做合适的事
　　　　　　　　　　　162　早起的奇迹
　　　　　　　　　　　164　制订能被完成的计划

构建生活的技能　　　　168　让坚持看得见
　　　　　　　　　　　171　自律者五大核心习惯

实现自我的技能

187 有目的地生活
190 充分发挥优势
191 释放个人价值

自 序

一、时间焦虑

　　距出版《哪有没时间这回事：碎片化时代的正确打开方式》，已经过了两年。两年中不断有读者来信反馈，大部分是上班族，还有一些是大学生、自由职业者、创业者和孩子母亲。他们告诉我这是他们读到过的最实用且最顺应人性的时间管理书，很多人感恩遇到此书，并因此正在努力实现人生转变。令我倍感意外的是，读者当中还有喊着我"叔叔"的中学生，早早就确立了自己的志向；有餐厅服务员，读书后决定不再挥霍自己的年轻时光；有洗车工，因为我的书看到了一个新的生活可能性；也有香港、台湾的朋友，希望可以引进繁体中文版。

　　而这些，是我在写作之初，不曾预料到的惊喜。

　　随着我的书的出版，大家对于时间也越来越珍重，分享时间管理理念的人也越来越多。我做培训那会儿，讲时间管理的人屈指可数，有意识学习时间管理的人也是小众。而现在，各路精英都在网络中分享自己的心得，大众对于如何合理规划自己的时间、如何管理自己的计划和任务，以及如何养成好习惯，似乎有了空前高涨的热情。

知识经济的兴起和各种知识平台的涌出，为这股热情推波助澜，学习与成长高歌猛进的背后，显现出一丝隐忧——大家开始发现学得越多，焦虑感越强；知识获取很多，实质改变很少。这股知识焦虑，必须找到宣泄对象，于是，矛头就都指向了"时间"。这个时代，金钱、权力、地位也许会存在差异，但对所有人来说，拥有的时间是一样的。于是"没时间"竟成了最大、最普遍的焦虑。读书学习需要时间，锻炼身体需要时间，职业发展、家庭生活、财务管理全都需要时间。我猜，这可能是时间管理开始盛行的真正原因，但坦率讲，这是找错了对象。

时间管理到底是什么？不同的人从各自的立场给出了各种说法。有的人说，时间无法被管理，实际应该管理精力；有的人说，必须要有目标，时间管理本质上是目标管理；还有人说，时间管理其实就是项目管理……这些都没错，但难免陷入标签和概念之争。时间管理扮演着保姆角色，看护一个人从想法产生、付诸行动到取得最终成果的整个过程，而这个过程中包含了情绪调节、目标设定、任务执行、精力分配等诸多问题，绝不是一个标签可以涵盖的。

事实上，大家都在学习自我管理的方法，力争做个自律的人。在《哪有没时间这回事：碎片化时代的正确打开方式》出版之后一个月，我建立了"自律帮"，开始背着"使自律者自由"的使命去助人。

二、改变焦虑

不曾想，"自律"这个词也被几个微信大号迅速点爆了。2017年年初，一波波关于自律的文章在网络中流传，受其影响，大家开始更多地关注这个看似抽象的词，人们的思考开始趋近于问题的症结——和时间较劲没用，和精力较劲没用，甚至和学习较劲都没用，一个人若不自律，不能很好地管理好自己，不能想到就做到，不能把所学转化为行动，不能把行动坚持为习惯，学再多也没用。

回到前面提到的知识焦虑问题，人们奔波学习却收效甚微的原因在于，任何学习价值只有在自我做出持久的改变时才算交付，而知道应该怎么做和知道如何做到完全是两回事，知识平台的优质课程只能告诉你应该怎么做，剩下改变自己真正做到的部分只能是你自己的事，而这所谓"自己的事"，恰恰是多数人难以掌握的部分。一个人必须有能力把所学知识转化为改变的行动，才能收获价值。这种能力，我称之为自我改变的能力，是自律的核心。通俗地说，当你想变成另一个你时，你就必须依靠这种能力，知识在其中只能扮演辅助作用。

我喜欢《天龙八部》这部小说，其中有一种武功，叫作"小无相功"，身具此功，再学习他人的武功招式，就可以快速学会，甚至威力超越对方。这里的小无相功，就是自我改变的能力，而他人的武功招式，则是你能在知识平台上学到的各种课程。

按说，自律流行了，我应该高兴才对，但我却在担忧。看到很多文章，从"不自律，毁半生""30天变成一个超级自律的人"到"自律是成功的标配"……有的是标题党；有的文章很好，但在操作上难以实现；有的甚至东拼西凑，牵强附会。但究竟什么是自律？怎样做算是自律？自律者是否分三六九等？自律有哪些组成部分？人在不同阶段面对不同问题应当学习和应用哪些自律方法？当落到这些具体问题时,你会发现找不到任何一篇文章给出答案,说真的,他们压根儿也没想探讨这些。

这就是我写作这本书的出发点,帮助你变成你期望的样子。我最想告诉你的是,在"懂得很多道理"到"过后这一生"之间,是有一条通路的,这条路就在自律之中。

我是个教育者,一门心思就是使人变好,我相信人们在读完这本书之后,将不会再把自律视作一种苦哈哈的自我约束,而是一种带给自己良好感觉的生活方式。这本书不打算敲击你的痛处,令你焦虑,反之,希望你放松下来,做你自己,唤醒你心中原本就有的自律力量。

这本书将会延续《哪有没时间这回事:碎片化时代的正确打开方式》的风格,读起来仍会是流畅和轻松的,里面的方法依旧是顺应而非对抗人性的。在实用性方面,比前作还会有更大幅度的加强,同时会落地到工具层面,为你详解方法的实践。本书的组织结构将会更加严谨和系统,每一部分的内容都试图加深你对前面内容的理解,并为后面的内容做好铺垫。

希望你这样阅读这本书:

1. 从头到尾同步,不要跳跃,也无须一口气读完。

2. 第一部分：重构自律，重在帮你认识真正科学的自律，读完后，请把自己的理解和自己的决定写下来，告诉周围的人。

3. 第二部分：目标愿景，重在帮你理解你要达到的理想状态，读完后，请你扪心自问，你到底想变成怎样的人。

4. 第三部分：核心方法，重在教会你自我改变的技能，请务必带着改变的目标开始阅读，并同步实践。

5. 第四部分：18条方法，重在帮你从初级到高级实现自律，请逐条学习，逐条实践，切勿急切。

三、人生焦虑

这本书的绝大部分案例，都来自学员一对一咨询的问题，为了保护隐私使用了化名。

找我咨询的求助者，有一半其实并非为时间管理和自我管理而来，他们更多的是希望让我帮助他们寻找事业发展和人生的方向，他们都有一种渴望过上的生活——受自己掌控、充实富足、做着自己喜欢的事情，身体健康，无须为金钱发愁。

我在帮他们做的，一方面是解开心结，结打开了，人就通顺了，做事不会再瞻前顾后，效率自己就起来了。另一方面，我通过优化他们的时间表，帮助他们实现自己想要的生活方式：有些人想摆脱被人控制的局面，有些人想变换行业，有些人想找到理想伴侣，有些人则希望可以像我一样，以助人的方式实现自己的价值。他们都清楚自己想要什么。

我自己，也是在三十岁左右，明确了自己想要的生活状态，确定了自己实现这种生活状态要做的事情、要付出的努力及大致的路径。其实，当你把自己想怎么活想清楚，好多"技术"层面的问题就不再那么纠结了。

希望你也能以本书为契机，多多思考自己的活法，这本书教给你的方法，一定可以支撑你个性化的生活方式。

最后，预祝你本次阅读愉快。

第一章

自律者的自由生活

我们每个人都自带自律基因，可为什么还是无法自律？本章将带你看清，自律基因面临哪些对手。了解之后，你才能明白，该从哪里入手，唤醒你的自律。

第一章

自律星人真的混入地球了吗

米歇尔的两块棉花糖

四岁的米歇尔正坐在桌前,抓耳挠腮,焦急等待。桌上的碟子里摆着一块棉花糖,看上去是如此诱人,米歇尔又忍不住把鼻子凑过去闻了闻。"啊,好香的味道。"他咧着嘴,一副痛苦不堪的表情。虽然在这个空荡荡的房间中只坐了三分钟,但对米歇尔而言,却如同三小时。三分钟前,一个阿姨带他进来坐好,在他面前摆上了这块棉花糖,并且告诉他:"这块棉花糖是你的了,你可以现在就吃,或者,如果你等我回来,我会再多给你一块。"

米歇尔又等了两分钟,他拿起了棉花糖,慢慢送到嘴边,张开嘴，越张越大……终于，他把棉花糖放下了，闭上嘴，一脸无奈。他的一只胳膊架在桌子上，手托着腮帮子，另一只手不停地敲打着桌面，眼睛扫视着这个房间的每一个角落，实在无聊了，他干脆趴在桌子上，闭上眼睡着了。

就这样，又过了十分钟，开门声惊醒了米歇尔，刚才那个阿姨背着手进来，蹲在他面前说："你好，你一点也没有吃，是不是？你做到了，所以我给你另外一块，你有了两块，现在你可以吃了。"米歇尔高兴极了，毫不犹豫地把两块棉花糖一起塞进嘴里，一脸满足。

这并不是一个普通的房间，而是斯坦福大学宾格幼儿园的一间教室，专门被用来进行一项心理学实验。从1968年开始，和米歇尔一样，数年中有超过600位4～6岁的小朋友进行了这项实验，其中一些小朋友立刻就吃掉了棉花糖，有三分之一的小朋友可以坚持15分钟获得第二块奖励。这项实验旨在测量幼儿从何时开始可以发展出延迟满足能力，这种能力被认为是自律的一个重要组成部分。

可怕的对比

这项棉花糖实验在当时并没有引起广泛关注，直到20世纪80年代。实验人员联络了当时参加实验的小朋友，其中有94人愿意提供他们的SAT（学术能力评估测试）成绩，实验人员发现，那些能够做到延迟满足的小朋友，与只吃到一块棉花糖的小朋友相比，SAT成绩平均高出210分！足以清晰地划分出学霸和学渣！不仅如此，在后续的调研中还发现，低延迟满足的小朋友长大后有更高的身体质量指数（BMI），更多的吸毒和成瘾问题，在家和在学校里的行为问题更多，更难集中注意力，也更难维系长期友谊关系。

这些后续研究使棉花糖实验声名大噪，各种媒体、书籍、演讲竞相引用它，基本上可以说，一颗棉花糖就能够预测你是"高富帅""白富美"还是普通人，而且是在你四岁的时候就已经写定了的。

我们不禁要问，那些小朋友为什么能做到延迟满足？是不是有些人的基因里就包含了自律的程序代码？或者，这会不会是一大批自律星球的人，很早以前悄悄潜入地球，伪装成人类的小朋友，用其自律能力获得更多教育机会和社会资源，从而进入精英阶层来统治人类呢？

噢！真是细思极恐！

更可怕的简化

且慢，你真的相信有些人天生自律且必将成功吗？令我毛骨悚然的并不是外星人入侵地球的故事，也不是一些人自带自律基因，而是大众媒体对这一实验的大肆渲染，以及受众不假思索对简化结论的全盘接受——基因决定性格，性格决定命运，小时候能忍住不吃棉花糖的人长大了必定成功。

No，作为一个心理学专业的人，我必须告诉你一些我所知道的事实。

棉花糖实验的确是现代心理学最著名的实验之一，但它绝不是一个严谨的科学实验。后来的很多心理学家都对该实验进行了重验和改进，并对原始实验提出了大量质疑和批评。请让我来给你列举其中的一些疑点：

第一，实验选择的是斯坦福大学里的宾格幼儿园。斯坦福大学是全球顶尖的大学之一，幼儿园里都是些什么样的小朋友，我们不得而知，但是可以揣测其中很多都是斯坦福大学工作人员的子女，他们拥有超级丰富的教育和社会资源，这对其成长所带来的影响是否会大于其自身延迟满足能力的影响？

第二，之后的心理学家对该实验进行的一些研究显示，只有当小朋友相信实验人员真的会奖励第二块棉花糖时，他们才愿意去等待，否则，直截了当吃掉第一块棉花糖其实是更明智的选择，正所谓"一鸟在手胜过二鸟在林"。也许，小朋友们的安全感对实验结果的影响也很大，并不是延迟满足能力在决定。

第三，与延迟满足相关的一些概念，如"意志力"，心理学家也有较为深入的研究，并认为这是一种会被消耗掉的心理能源，与人体体内的血糖含量有关。简单地说，吃饱了意志力就比较高，饿肚子时意志力就会下降，也许那些忍不住吃掉第一块棉花糖的小朋友当时只是肚子饿了而已。再说，能抵抗棉花糖的诱惑也不能等同于可以抵抗方方面面的诱惑，何况也许还有的小朋友压根儿就不爱吃棉花糖！

好吧，或许，能忍住诱惑吃到第二块棉花糖的人真的是很自律，也真的有可能在今后的成长道路上更加成功，即便如此，我们也最多只能说自律和成功相关。因为在科学界，有一条重要的注意事项——相关关系并不一定是因果关系，我们一定要谨慎地看待棉花糖实验，不能过度诠释结果。毕竟，关乎人生成功这样的事情，是极为复杂的社会和心理问题，是多种因素共同作用的结果。

有意志力但不自律

忍住不吃棉花糖不等同于意志力强大，有意志力也并不是自律。如果把意志力视作一种能量，那么自律应当被看作使用这种能量的策略。

人们经常会拿意志力说事。无法早起去工作，无法控制自己的午餐时间，无法戒烟，无法早点开始着手重要的任务，面对这些问题时，我们最常用的借口就是"我想……但我缺乏意志力"。意志力似乎是某种心理机制,是某种使人完成艰难任务、克服诱惑并坚持自己目标的事物。这个概念存在很大问题,比如,你可能在某些情况下能够坚持自己的目标,但在另外一些情况下就无法做到。一个吸烟的人在公共场合就可以忍住,我的那些爱咬指甲的咨询者也不会当着我的面啃啃啃,意志力这个概念忽略了我们行为中的一个重要元素,那就是环境,不同的环境塑造了不同的行为,我们却倾向于把它看成某种人格特质。

在一些人看来,意志力就是面对着诱惑,握紧拳头、咬紧牙关坚持着,用某种神秘而强大的力量战胜自己的欲望,拒绝做不该做的事情,即使心里很想做。心理学家普遍认为意志力是一种心理能量,每个人都有,而且会被消耗掉。一个饿急了的人可以为一个馒头而放弃自己的尊严,这并不表示他是缺乏自尊的人,只是因为他饿了,没有心理能量了。

而自律不应该和意志力画等号,它更像一种聪明的行为方法,可以很好地预见可能发生的情况,制订切实的计划应对可能发生的困难,多快好省地运用自己的心理能量。自律者会在早上醒来后"嗖"地起床,而不是在床上挣扎来消耗自己的意志力;他们会在晚上提前准备好第二天的衣物,而不是在出门前的慌乱中犹豫不决;他们会在工作时聚精会神,累了就小睡一会儿,而不是在疲乏困倦的状态下低效地做事。

自律者会选择那些更优的做事方法，以节省自己的意志力，不但效率高，而且感受还好。所以意志力每个人都有，就是看你会用不会用。

人类的基因写满缺陷

我们身上是否存在自律的基因

佐治亚州立大学的研究员贝伦设计了黑猩猩版的棉花糖实验，把棉花糖改成了黑猩猩喜欢的糖果，把等待改成了让黑猩猩在电脑上完成一些简单的操作任务。结果发现黑猩猩也会为了得到更多食物选择等待，而不是立刻得到较少的食物。这种延迟满足的能力也反映在它们的日常生活当中，比如黑猩猩在采摘水果时，会检查果实的成熟度和丰富度，而并不一定马上摘取，在一段时间后，当果实更加丰富和成熟时才返回采食。甚至还有科学家发现，黑猩猩会为了食物更美味而耐心"烹调"食物，之后再进食。

若人类的近亲都可以如此自控，人类应该能做得更好才对，事实也是如此。人类在大约公元前一万年开始有了农业。这意味着,那个时候的人类,必须得忍住不吃手中好端端的一把谷子,还得辛苦地把它们塞进土里,期待来年的收成,这就意味着人类很早就需要考虑未来和有所节制,即使在饥饿的时候也必须保留一定数量的粮食作为种子。

所以,人类的基因中早就写好了自律,而且可以说,你每天都在使用它——再好吃的东西,你最多吃到饱,不会像金鱼那样撑死自己;刷牙很无聊,你也会坚持去做,不想到老了靠假牙享受美食;即使此时此刻,到底是继续再读会儿这本书还是拿起手机刷一刷朋友圈,你也使用自律做出了正确的选择。

既然我们身上都自带自律基因,那为什么我们还会做出那些损害自己健康的事情?为什么我们迟迟无法开始很多已知对我们有益的事情?为什么有些事情做完之后令我们后悔得想剁手?

因为你的每一次决策,都不只是自律独自在参与,谈判桌对面还坐着三个强大的对手。大部分时候,是它们在左右着我们的行为,所以你有必要先一一了解它们。

人目寸光

自律的第一大对手就是人类的普遍短视。自律考虑的是未来,但未来一点也不吸引人,及时行乐永远比未来的幸福更具有诱惑力。

第一章

心理学家和行为经济学家很早以前就已经可以定量地测量人类的短视,他们要求参加实验的志愿者做出选择——一年后得到一笔现金奖励,或者立刻得到一笔较小的现金奖励。

一年后得到100元,或者立刻得到90元,你会选择哪个?
一年后得到100元,或者立刻得到80元,你会选择哪个?
一年后得到100元,或者立刻得到70元,你会选择哪个?
一年后得到100元,或者立刻得到60元,你会选择哪个?
……

多数人都会选择立刻得到较小的金额,平均值为68元,即平均来看,立刻得到68元在心理上等价于12个月后得到100元。这种现象被形象地称为"时间折扣",人们普遍更看重眼前的既得利益,忽视长远的巨大收益。这种短视,深深刻在人类的基因之中。

在农耕时代到来之前,人类的祖先过了数百万年茹毛饮血的生活,他们每天醒来想到的第一个问题不是一年之后要做更好的自己,而是今天到哪儿去填饱肚子,他们的大脑必须引导他们关注眼前的生存问题,无暇他顾。

短视的基因比自律的基因"辈分"高得多,这就不难理解为什么即使知道吸烟严重影响健康,吸烟者仍然无法克制点燃一支香烟的冲动；即使知道睡眠极其重要，人们仍然宁愿把一首歌反复听上100遍也不去就寝。顺便提醒你一下，如果现在已经过了晚上11点，你最好合上书去睡觉，书可以明天再看，但今天的觉没法明天补。

我们都是透支未来的消费者。

走为上计

逃避是自律的第二大对手，逃避思考是当今社会人们的普遍问题。

我们的祖先不仅每天饥一顿饱一顿，而且环境中还处处充满危险，毒蛇、猛兽、天灾，每一种都会致命，通常情况下，感觉到有危险立刻逃之夭夭才能保命。

如今，我们不再经常面对生命威胁，但心理和社会上的威胁仍旧不断引发我们的焦虑，当你独自走在黑暗或陌生的地方，当你经济状况吃紧或打算开启一项新事业，当你去面试或者做一次公开演讲，当你的请求可能遭到他人的拒绝或反对，你都在体验这种情绪。

这种情绪给我们带来不良的感觉，我们最想做的就是以最快的速度消除它，就像碰到毒蛇我们拔腿就跑一样，稍微开个小差就可以回避掉我们头脑中引发焦虑的那些问题，假期作业、考

第一章

试、工作报告、学习、锻炼、开创自己的事业……不去想它们就可以在头脑中将其消除掉。因为大脑一次只能想一件事,我们无法单纯地不想,总要给大脑找件事情做,幸好,这个时代绝不会缺乏让大脑忙碌的方式,拿起手机就可以打游戏、逛商店、刷微信、选美食、挑电影、侃大山,轻轻松松就能帮大脑在安乐窝里躲上一整天。

尽管在截止日期临近时逃避派不上用场,但,人生能有多少个截止日期呢?大部分时候逃避都能有很好的效果,可以说它是消除焦虑获得快乐的不二法门。

自律?靠边站!

冲动是魔鬼

短视考量着短期与长远的成本与收益,逃避协助我们避开眼前的痛苦,第三个帮凶——冲动,则负责追逐眼前的欲望,不断把我们的短视行为合理化。

在我的众多咨询者当中,有不少人有成瘾的问题。有些求助者无法控制喝饮料的冲动,白开水对他们而言已经成为非常难喝的液体,只有添加了香精和甜味剂的勾兑液体才能满足他们;有些求助者已经被塑造成屏幕脸,他们整天的生活就是对着电脑手机,完全无法脱离电子设备正常地与他人交往;还有很多求助者手淫成瘾、咬指甲成瘾、吸烟无度……每一次发生行为时，冲动都在鼓动着他们，让他们能够心安理得去享受每一次的快感。

这像极了每次网店的购物狂欢节，商家不遗余力采用各种措施促销，网页和购物App的设计者也深谙心理学之道，用颜色、标题、文字、大按钮和各种手段刺激着消费者的冲动。你现在就可以停下来环顾一下你的家里，有多少买了但没怎么被使用过的非必需物品呢？

除去不停地买买买，还有很多人会不停地骂骂骂，他们会任由自己的情绪肆虐，对家人和朋友咆哮。我的一些咨询者有"路怒症"，平时温文尔雅，一开车上路就不停骂街。愤怒这种情绪极其特殊，其他不良情绪，如焦虑、害怕，我们总是努力想去消除它，而愤怒更像一种成瘾行为，愤怒的时候我们总是不停想着愤怒的事情和愤怒的理由，冲动为愤怒煽风点火。

冲动，才不会理会你事后的懊悔，在强大的情绪、欲望和看上去那么合理的理由面前，自律待在一旁，大喊"臣妾做不到啊"，真心是束手无策。

你还有救吗

不少咨询者见面后向我提出的第一个问题不是关于他们的效率提升，也不是习惯养成，而是关于他们是否"还有救"的探讨。他

第一章

们给自己贴上"重度拖延症"或"懒癌晚期"之类的标签,眼巴巴地看着我,似乎是在期盼着我郑重其事地告诉他们:"他们的人生已经彻底没指望了,世界上就是存在没法自律的人,他们还是干脆断了念想踏踏实实苟且更好。"这样,他们便可以心安理得地沉浸在当下的快乐之中,不必花费气力去改变自己。

还有很多人,看上去很努力,又恰逢这个知识经济的时代,到处都是课程,于是他们就到处听课,到处学习,给别人一种很上进的感觉,也给自己造成一种我在努力改变的幻觉。他们听了很多课,学了很多所谓的知识,依旧没有发生什么改变。他们要的不是改变,而是一种看上去更高级的刺激而已,这些刺激给他们带来了愉悦,以致各种视频、音频课程一大堆,真正学进去的却寥寥无几。

希望现在正在读这本书的你,是真心想变得自律。

短视、逃避、冲动这三股原始又强大的力量的确经常合伙欺负自律,但这四种元素可是写进每一个人的基因里的,毫无例外,没有人天生自律,而且如果你细心就会发现,自律的人正在你身边变得越来越多,早睡早起、跑步锻炼、读书学习、设目标订计划……他们正在以各自的方式向成为自律者的目标迈进,早些年只是星星之火,现在已经有燎原之势,你若再不迎头赶上,沉溺于周围小圈子得过且过的状态之中,随着时间推移,必定会变成异类。

自律者的启示

你的抉择是什么

现在,你需要做出一个关乎一生的重要决定,这是你最后的机会,从今以后,不能再回头。如果你选择吃掉蓝色的药丸,本书就此结束,明早一觉醒来,你可以继续龟缩在你的舒适圈里,相信你原来相信的一切(比如:自律星人已混入地球,在未来将成为你的主宰);如果你选择吃掉红色的药丸,我将带你去自律星,让你在那里开启新的生活。

记住,我能为你提供的只有方法,你必须靠自己去行动。

知道吗?多数人宁愿选择蓝色的药丸。因为,面对现实,改变自己原有的认知是痛苦的,付诸行动去努力成长也是痛苦的,"人生苦难重重",这是自律者的座右铭。

到底什么是自律

好的,既然你选择了做出真正的改变,那么我们现在就开始行动,做好准备工作。

第一章

此处是一条硬广

你可以关注"自律帮"微信公众号,下载"自律帮"APP并在电脑浏览器上打开 zilvbang.com,接下来讲到实操环节时,需要这些工具来辅助。

从现在开始,我和你约定好,自律不再是一堆道理,也没有什么至理名言。自律是一种技能,由一系列习惯组成,和开车、游泳、打羽毛球没有多大分别。

所谓技能,是指为了做好某件事情而需要具备的一种能力,它是通过累积知识和大量实践而形成的。如果张三经常练习某一种行为而你不这么做,我们可以预言张三在这些行为方面比你具备更强的技能。

的确有人在某些技能方面存在天赋,可以更容易地学会它们,但是无论如何,这些技能必须通过学习才能获得。如果知道一位每天练习5小时游泳的人成了游泳运动员,我们并不会感到惊讶。

所以,如果说自律是一种技能,你就必须考虑如何学习所有必要的知识，还要考虑应用和练习所需技能的环境，更进一步的是要把它放到不同的情况中去实践，这样它才能不断提高。

这不是一部葵花宝典

这本书提供了关于自律你所需要学习的全部知识，自律帮的App和社群提供工具和练习机会。剩下的，就是要靠你改变自己的环境。

在你的身上，一定有自律的基因，由于短视、逃避、冲动的欺压，它大部分时候在昏睡。本书的第二章，将传授给你召唤术，用来唤醒你的自律。但一定要记住，仅仅有激情是远远不够的，它只能维持你的三分钟热度，不能解开你心里的结，束手束脚的自律是无法在与基因缺陷的博弈中占上风的。因此，本书的第三章将传你内功心法，从科学心理学的角度帮助你学会改变，真正能够知道并做到。本书的第四章将教会你关于自律的武功招式，你可以在每一天的工作和生活中去实践。

所有的自律者都在追求平衡自在的生活状态，这也是我希望提示你的，我们学习自律，无须与自己对抗，更不要牺牲自己本应珍视的东西。

希望你能以这个契机开始，重燃心中的热情，去做更好的自己。

第二章
自律者在想什么

本章将为你勾勒一幅图景,关于自律者是什么样、不是什么样,以及不同层次的自律者分别是什么样。当你理解了你所要成为的目标状态,你便会更有目标地开始自我改变之旅。

第二章

你误会自律者了

放松不是放纵任性

由于我创办了自律帮社群，很多人都会和我聊关于自律的话题，其中一些人谈到他们会觉得自律"反人性"，他们更想要的是自由自在的生活。当我问及怎样的生活是他们所谓的自由自在的生活，其中一部分人给了我这样的答案：

> 每天想几点起就几点起，想几点睡就几点睡，想吃什么就吃什么，想干什么就干什么……

这可能也是你向往的，我们每个人都可能期待这样过上一把，至少在周末和休假时，我们常常带着这种倾向过活。但如果你尝试过这样，就会发现若一天都是这样的状态，我们很难感受到愉悦，反而会用颓废来形容这样的一天，因为这不是人类的生活，这更像是动物的生活。

这是一种放纵，我们时常为之。

我们会把一包巧克力都吃光，我们会把一首歌听上100遍，我们会拿起手机刷上两小时，我们任性地寻求各种各样的感官刺激。

鸡汤文常说要学会放松但不要放纵，两者到底有何分别？放松是有意识地去满足身体和心理的需要，放纵则是用刺激来逃避困难和摆脱无聊。放纵更为显著的一个特点是，它会带来未来更糟糕的结果。巧克力吃多了会上火；晚上听歌耽误睡觉，影响健康；刷两小时手机并不能让必须完成的任务自动消失，只能让接下来的时间安排更紧张。

俗话说得好，"出来混，迟早要还的"。

找刺激都高大上

自律者经常被看作没有欲望的无趣的人，其实他们也一样需要摆脱无聊，需要寻找刺激性的活动来填充自己空闲的时间。

第二章

纪老师，我一干活就浑身难受，一刷手机就来精神，怎么办？

这是一些朋友常问出的问题，这的确是真实存在的情况，我也一样，玩和工作给我们带来的体验肯定是不同的，解决之道自然是有的，读完本书你就会发现这两者完全可以不冲突。但在这里，我想强调的并不是具体的解决办法，而是自律者的一大特征——他们会努力去完成高难度、高价值的事情，并从中获得满足。

实际上，每个人都有摆脱无聊的需要，自律者也一样。现在人们的生活太舒适了，大都已经达到了衣食无忧的阶段。但随之而来的是相比以前，人们似乎不满更多了，快乐更少了。

美国著名经济学家提勃尔·西托夫斯基在他的著作《无快乐的经济》中，对快乐有很好的诠释。什么是快乐？很多学者认为那是一种人们要追求的终极状态。还有很多心理学家发现，快乐与人的舒适度有关，他们认为如果人处于一种最佳的舒适状态（不痛苦但也不是极致的舒适）时就会是快乐的。西托夫斯基的睿智在于，他发现以上两种说法都与我们的实际体验不符，而且，他给出了他对快乐的理解，他认为快乐是从"不适"转换到"舒适"的短暂状态。听上去像是一种副产品，当人的舒适状态发生变化时，快乐就冒出来了。所以我们肚子饿了，填饱肚子会感到快乐；当我把这个自然段完成时，我也会感到快乐。皆因不舒适感被消除了。而现在的人类呢，实在太舒适了，需要被消除的不舒适感越来越少，于是，无聊成为很多人的大问题。

如果你时常感到无聊，我得先恭喜你，说明你是个"有闲"人，有一部分自己可自由支配的时间，而且不会为温饱发愁。因为对于那些被迫天天劳作的人来说，无聊是不会成为问题的。你无聊的时候会怎么做呢？法国哲学家和科学家帕斯卡在他的《随想录》中说道："我发现人类所有的邪恶都来源于一个事实：人没法安静地坐着不动。"所以无聊时，我们就会去寻求刺激。人们需要保持忙碌，却无法找到使他们保持忙碌的合适刺激，新的问题就产生了。

在远古时期，人们在暴力活动中获得满足，而在文明时代，这种刺激却不合时宜。文明的意义在于，它能够在暴力和辛苦劳作之外创造令人刺激的活动，能够发展出进行并享受这些活动所需要的技能，也能够提供学习必要的技能和纪律的教育。

迄今为止，人类已经创造了许多良性活动，包括科学研究、探险、文学、艺术、体育运动、技巧性游戏和各种体力及脑力的休闲娱乐方式。但是这些活动的差别是非常大的：参与者需要付出的努力不同，活动所提供的心理刺激的强度不同，享受活动所需要的技能、教育、纪律和耐心也不同。自律者会倾向于选择那些最令人神往的良性活动，这需要最高的技巧。一个糟糕的事实是，越是渴望强刺激的人，越不愿意付出努力去学习这些技巧，于是，更多的人选择低门槛的活动。刷手机相较于读书、看美剧相较于园艺、逛网店相较于绘画，都是些低刺激、低技巧性的活动，而且反复使用这些刺激，其作用会逐渐减弱，于是人们也就会越来越感到无聊。

由于有更好的自我要求，自律者更可能选择那些高刺激强度的高级认知活动，相比那些一味追求舒适安逸，仅仅需要简单刺激的人，他们也更有可能获得更多的快乐。

顺水推舟，逆风飞翔

自律者还经常被描绘成一群像机器一样的生物，很多人想象自律者的生活会是每天执行着严格的时间表。自律者也经常被认为不会享受生活，因为大部分时间都在克制自己。一些标签会被贴到自律者身上，如：固执、严苛、吹毛求疵、吝啬、不知变通、不讲人情……

No！我见过各种各样的自律者，他们有着不同的性格、不同的生活方式和不同的追求，却没有人像上面说的那样刻板无趣。不仅如此，他们在各自从事的领域中都还小有成就，而且他们的生活也常常令周围的人向往。

前面我们提到过，自律是一种技能，如同游泳一样。一个

自律者在想什么

会游泳的人,绝不会每时每刻都在使用这种技能——用蛙泳的姿势走路,用双手划开空气,用换气的技巧呼吸,不戴眼镜戴泳镜……这是多么怪异的情景,你甚至从来没这么想过,但对于自律,我们却持有根深蒂固的偏见。

很多人听说我是早晨4点起床,向我提出的第一个问题就是,"纪老师,你是每天都4点起床吗?"这个问题传递出一种普遍存在的"自我折磨"倾向,刻板地认为自律者就是每天都一样,如同计算机程序般毫无例外。不,我不是每天都4点起床,在2013年我有200天是4点起床,165天不是。如同我不是每天都游泳、每天都健身、每天都读书。这些我都做不到,也完全没必要做到,我甚至无法做到每天都大便!不少咨询者和我见面时都会紧张,生怕自己迟到,其实,我偶尔也会因为突发情况迟到。我也会看电影、刷手机、打游戏、听音乐,也会因为没有使用自律方法而陷入其中难以自拔,但这不会影响我努力成为一名自律者,也不会影响我去追求自由幸福的生活。

自我折磨的一种常见表现是自我挫败,就是用不切实际的期待来要求自己,当行动无法满足期待、结果与目标不匹配时,反过来责怪自己,认为自己缺乏某项素质。频繁地自我折磨将产生极大的挫败感,降低个体的自我评价。不少朋友向我学习早起,一上来就跟我一样4点起床,结果不出三天就放弃了;也有不少人尝试养成一些习惯,但"用力过猛",要么同时培养的习惯太多，要么一个习惯刚开始要求太严，结果很快就不了了之；更有人读了些成功励志书，被打了鸡血，下定决心改变自己，然后就什么也不做，亢奋地等着奇迹发生，几天后沸腾的热血不在了，只剩下深深的自责。

自我折磨的另一种表现，是一种克制自己并与自己对抗的观念。持有这种观念的人认为真正的自律就是面对诱惑不为所动，完全控制自己，坚定不移。他们向往的是让自己暴露在颇具诱惑的环境之下，真刀真枪地与自己的劣根性大战三百回合，他们更多的是探讨自己在某种不利的条件之下如何"屌丝逆袭，克敌制胜"。如果这也可以称作自律，那一定是最傻的一种。古人推崇的是"不战而屈人之兵"，《三十六计》里遍布"围魏救赵""以逸待劳"这样的伟大智慧，这本书也会一再向你强调，自律是一种聪明运用意志力的方法。自己与自己对抗，最后只能是两败俱伤，极大地消耗自己的意志力。

自律"反人性"？

读到这里，你是否已经感受到，在我们的思维当中存在着一些严重的误区？自律"反人性"的说法就是其中之一。我特别想问问那些认同此说法的朋友，什么是"人性"？什么又是"反人性"呢？

这是一种非常典型的"标签化"思维，用"反人性"这一抽象的标签阻止一切进一步的思考。在很多人的大脑中,"反人性"等于"不好的","自律"等于"反人性"的,于是,推导出"自律"等于"不好的",并直截了当地拒绝了更深层次的探讨。

在这本书中,我会不断帮你检视头脑中那些"想当然"的思维,这的确有难度,因为很多对你而言都是理所当然的。什么是人性?人的需要。什么是反人性?压抑、克制、对抗人的需要。到目前为止,你觉得自律反人性吗?

自律非但不反人性,而且它还是人性的需要,一种更高层次的需要。

人的需要都有哪些?吃喝拉撒睡?没错,它们的确是人的需要,只不过是非常底层的需要。

马斯洛的需求理论能够较好地解释为什么不同的人在不同的阶段所追求的东西有所不同。这里要区分满足和过度追求,在一些较低层次的需要上过度追求,会产生比较严重的问题。过度追求生理需要将导致肥胖、贪睡,在安全需要上过度苛求将变得神经质和吝啬,过分追求与他人的关系将可能丧失自我,过度追求尊重会

> 亚拉伯罕·马斯洛在1954年提出了需求层次理论。
>
> 他把人类的需要划分为五个层次,在其晚年又引入了三个新的层次。
>
> 依次为:生理需要、安全需要、社会需要、尊重需要、认知需要、审美需要、自我实现需要和自我超越。

导致迷失于名利。所以在每个层次上得到恰到好处的满足之后,就应该思考向更高层次的需求迈进,而自律恰恰在其中起到了重要的作用。

自律帮助我们区分满足和过度追求,帮助我们平衡好低层需要的满足和高层需要的追求,让我们可以不断向上,变得更好。那些认为自律"反人性"的朋友应该好好检视一下,自律是否其实是在反他们对于低层次需要的过度追求呢?

面朝未来,春暖花开

赢家和输家的界线

到目前为止,我已经向你传递了如下信息:

1. 并没有自律星人潜伏到地球;

2. 人类中的基因中存在自律;

3. 当然,人类的基因中也存在短视、逃避和冲动;

4. 意志力是种心理能量,我们每个人都有,自律是使用这种能量的策略,因此我们并不会空谈意志力;

5. 自律是一种可以通过学习和练习获得的技能;

6.自律带来放松、快乐，非对抗，非自责，它是人性的需要，而且是较高级的需要。

"好吧，非常令人信服，可是，这不符合我们对事实的直觉！"很多人都会这样告诉我，"可是，纪老师，就是有很多人很自律，有人就没那么自律，差别很大呀！"

的确，我们不难发现，有的人把自律视作珍宝，有的人则对它嗤之以鼻，既然自律是一种可获得的能力，里面有一套可操作的方法，那么为什么仍然有很多人不去学习它，而宁愿过放纵的生活呢？人和人的差别到底在哪里呢？

按照马斯洛的需求层次理论，每个人都有追求更高层次需要的动力。但看上去好像并不是这样，因为很多人似乎更愿意待在目前的层次上享受，而不是向上追寻，这可能是个显著的差异，但造成这种差别的原因是什么呢？

曾任美国心理学会会长的心理学家菲利普·津巴多给出了答案。在其著作《津巴多时间心理学》中，津巴多指出，人和人的差别在于时间观念有很大不同，这里指的时间观念，包括我们对于时间变化、未来事件、节奏和时间所带来的内心压力的感知。它是我们对于过去、现在和将来感知的总和。我们很少感知到自己的时间观念，但它却驾驭着我们的每一次决策，成为区分自律者和非自律者的标尺。

第二章

030

检视你的时间观念

津巴多认为一个理想的时间观念具有以下几个方面的特征:

过去积极的时间观念强烈;

有适度的未来时间导向;

有适度的享受当下的时间导向;

过去消极的时间观念弱;

现在的悲观主义时间导向弱。

幸福的过去

自律者总是会寻求办法,以积极的方式去看待过去的经历。

请回想一下你中小学时代的假期,想想你的假期作业,还记得你是如何完成它们的吗?10个人当中有9个都是在临近开学时糊弄赶工才交差的。你怎么看待这种状况?很多人会给自己扣上"拖延症"的帽子,并且认为自己在很多事情上都会犯这种在21世纪才"发明"出来的"病"。但自律者不会这样想,他们中的多数人小时候的假期作业也是一样的状况,但他们不会认为是自己有病，也不会质疑自己的能力，他们把应付无聊的假期作业看作很正常的事件，甚至会对自己当时的"高效"点赞。

很多时候，你对于过去发生事件的态度比事件本身更重要，因为是这些态度塑造了现在的你，它们也会影响到你现在的想法、感受和行为。过去发生的事情，无论是快乐的还是痛苦的，都是不可改变的，但对于它们的看法是可以改变的。自律者不会压抑或逃避记忆中关于过去发生的消极事件，他们会关注事件当中积极的方面，或者用积极的态度去看待它们。每个人都经历过一些痛苦的事情，自律者却以积极的方式回忆这种痛苦，这也使他们变得富有活力和乐观向上，生活更加幸福。

其实幸福不是一个结果，而是一个需要不断追求的过程，幸福的过去要靠不断重建自己的记忆来形成。

你并不需要像电影《美丽人生》那样身处逆境还能保持幸福，在日常持续地做一些小的练习，就能帮助你重新审视过往发生的事情。心理学家马丁·塞利格曼被称为"积极心理学之父"，他在著作《持续的幸福》中提供了两个和重建过去有关的日常练习：感恩拜访和三件好事。

感恩拜访的核心任务是给某个曾经在言行上使你的人生更美好的人写一封感谢信，具体写出他对你说过的话、为你做过的事，以及这些是如何影响到你的人生的。给他看这封信，如果可能，就登门拜访读给他听，并和他一起讨论。可以每月甚至每周做一次练习，写给不同的人。

三件好事是在每天晚上睡觉前，花十分钟的时间写下当天发生的三件好事，以及它们发生的原因。

这两个练习都与感恩有关，心理学研究显示，常常怀有感恩之心可以降低负面情绪，减少对物质的欲求，可以增加宽容、放松、专注等积极情绪，可以提升人际关系并提高生活满足感，让自己充满希望。有一些人干脆推荐每天写感恩日记。

通过这样的一些日常练习，你将可以在头脑中制造关于过往事件幸福的体验，当你以积极乐观的态度重建过去，就可以放飞自己去追逐现在与未来的幸福。

快乐的现在

自律者会享受现在，但他们并不奉行及时行乐。

弗洛伊德把人分为本我、自我和超我三个层次，其中本我最基础、最原始,遵循快乐原则,逃避痛苦。津巴多认为,过度的现在时间观念将导致享乐主义。现在导向者更可能是享乐主义者,容易形成成瘾行为。他们知道短暂的快乐是要付出代价的,比如吸烟,但是抽象的知识在诱惑面前往往显得苍白无力。他们容易忽视将要发生的严重后果,缺乏忧患意识,目光比较短浅,对未雨绸缪也嗤之以鼻,他们喜欢跟自己看法相同的人商量事情,较少关注工作。

自律者其实也会关照现在,他们懂得适度去享受丰富多彩的生活,他们也会训练自己活在当下,不受过去与未来的烦扰。

受教育水平和社会阶层塑造了不同人的时间观念,和一名受过高等教育的知识性工作者更可能谈论与自律相关的话题,而和一位缺乏教育机会的普通体力劳动者则很难开启这个领域的交流,因为他们更关注现在。一个悖论是,现在状况越糟糕的人越是关注现在,而越发关注现在的人的未来越是堪忧。

成功的未来

可以说,自律者都是未来导向者,因为自律这种能力本身就是用来应对未来的。津巴多认为,西方文明在过去几个世纪中的成就可以归结于未来导向的人在人群中的盛行。

未来导向者的特点与成功的确紧密相连,认真勤勉是未来导向中最强烈的人格特质,包括自控、成就感、秩序感和责任感。他们在决策之前总是要考虑未来的后果。比其他人更愿意进行积极的健康行为,不大会从事危及健康的行为,十分谨慎的未来导向者可以活得更长久。

未来导向者制订合适的计划、合理地安排时间、预先为在走向成功的途中会遇到的弯路与陷阱做好准备,他们较少延期完成工作,也不会同时背上双倍工作的负担,因为他们会在结束旧任务后才开始进行新任务。

未来导向者接受的教育更多,他们能持之以恒,并从失败中学习。

所有这些特质都决定了未来导向者最终能赚好多钱,远远多于持其他时间观念的人。因为他们拥有更多的知识,他们得到了更好的工作。他们用在无聊轻浮的事情及社交上的时间很少,他们把大量时间用在整合投资上。更重要的是,他们会很努力地工作,最终,他们在工作上的投入换回了大量金钱。

我还有救吗

读到这里,你可能会再次开始沉思。既然自律者都是一群未来导向的家伙,而自己又恰巧不属于那个"族类",看样子是没指望了吧?

自律者在想什么

每当你陷入基因或天命决定的思维时,就有必要思考以下一些事实:津巴多认为时间观念是可以改变的,人在不同的年龄和成长阶段也持有不同的时间观念。从前面的时间观念分类中你会发现,时间观念并不是一只独大的,而是各种方面的有机整合,你并不是没有未来的时间观念,只是它也许还没有稍占上风。津巴多一再强调未来时间观念与受教育水平有关,也就是说可以通过学习来提升。本书也一直向你传递同一个讯息,无论是时间观念本身还是与之相关的自律,都只是一种可以通过学习和练习获得的技能罢了。

2017年2月,美国NBA的休斯敦火箭队为中国人姚明举行了退役仪式,姚明也成为篮球名人堂中的一员。姚明的确是基因缔造出的奇迹——父亲身高2.08米,母亲身高1.88米,但你若把姚明的成功归结于他的基因,将严重抹杀他的勤奋、睿智和努力。退役仪式上,他的队友对他的所有称赞中都没有提到他的身高,姚明的身高只不过是使姚明在他的生命早期更可能选择篮球而不是其他运动作为主要的运动方式,所有关于篮球的技能、技巧、意识都是他后天学习得来的,支撑他的不是他2.26米的身高,而是他儿时对篮球的热爱及对未来成为篮球巨星的期许。

是的,未来,你应该思考的是你的未来,而不是你的基因。即便是自律者也分三六九等,自律也有由低到高不同的层次,你可以循序渐进地开始练起。这本书将帮你把自律者是如何思考、如何行事及如何感知的，掰开揉碎，放进锅里熬成汤给你喝。接下来，我将给你详细讲解自律的三个层次，以及不同层次上的自律者是如何游刃有余地工作和生活的，以此为参照，我将带着你一点点地开始改变。

与截止日期和谐相处

先升级操作系统再打游戏

很多人开始对自律有需求，是在面对有截止日期的任务时，当他们一次次感受到自己似乎不能凭借随性去应对任务，并且一次次体验到截止日期来临前那种焦虑时，他们可能会意识到应当有所改变。有些人很早就有了意识，我的读者中有的还是初中生。但有些人直到成年都还没有做出改变的打算，他们有的已过而立之年，早已结婚生子，但面对工作和生活中的各种任务时依旧疲于应付，麻木不仁。

能够学习和应用一些方法来处理好日常事务，是一个初级自律者的标志，也是实现自律的基础。凭感觉去做事，更像是使用着老旧的操作系统，若事情少、种类单一，还能够勉强应付，多了、杂了就吃不消了。很多人都建议我，应该去给学生讲讲时间管理，这会对学生很有帮助。没错，但对他们有帮助是一回事，他们需要这份帮助是另一回事。学生中只有少数意识超前的人能够感知到他们需要与社会接触，需要以职业人的素养来要求自己，应当去学习自律。剩下的多数人，每天被动地糊弄着学校那点事儿，除此之外，就是玩，根本体会不到当一个人为人父母，上有同事，下有部属，还想着发展自己的兴趣爱好，寻找机会创建自己的事业时，面对纷繁复杂的事情的感觉。很多人毕业后就再也没进步，他们的状态和学生没两样，仍然用"Win98"来解决问题。自律者懂得"工欲善其事，必先利其器"的道理，他们会应用一些方法和策略来处理自己的任务，让自己有条不紊。

那些在任务处理方面经常碰到困难的人，会倾向于给自己贴上"拖延症"的标签，这是我非常反感的一个词语，它本身更像一个病毒，传播和侵袭着那些原本只是缺乏自律技巧，本可以通过科学方法解决问题的人。"拖延症"三个字掩盖了问题的本质，使碰到困难的人思维简化，无法进一步地去识别面对的困境，也就更无法找出相应的解决方案。

自律者也拖延

拖延的近义词是推迟，它是一个动作，是处理任何一项任务时一个可能的选项，是一种高明的任务处理策略，表示当你面对一项任务时，暂时不去思考或暂时不去执行该任务。自律者会采取这个策略，事实上，我们每个人都会采取这个策略，甚至每天

第二章

都在用。当家人告诉你该吃饭了,你回答说"我把这一小节读完再去",这就是拖延;当同事向你要一份资料时,你回复晚些找给他,这也是拖延;当客户要求你报价时,你决定和领导商量一下再说,这还是拖延。拖延,绝对不应该是个贬义词!我必须在这里为它正名。

所以,是否拖延并不能衡量自律,自律者的不同之处在于拖延的理由和决定拖延后的行动,而非拖延本身。

自律者可能会因为以下理由决定推迟一个任务:

1.**当前有比被拖延任务更重要的任务需要完成**。比如你正在写报告,手机铃声响起,你可以选择暂时不接,晚些打回(实际上你可以把手机调至无声,再开始做事)。

2.**当前条件不适合思考或执行某任务**。比如外出在路上,有人询问你一件事情,你必须用电脑才能查出来给他,此时不方便打开电脑。

3.**拖延一下会有效率更高的任务执行方法**。比如碰到一个问题无法解决,你可以立刻上网搜寻可能的解决方案,也可以晚些约一位这方面的专家,请教专家可能会对你的帮助更大。

他们不会因为以下理由而推迟本该完成的任务:

自律者在想什么

1. 好困难，好麻烦，没意思；

2. 想看个剧，想玩会儿游戏；

3. 拖延这个任务有可能就不需要做了。

自律者在决定推迟一项任务时，会思考和标记这项任务更适合的执行时间，以便到时可以更好地完成它，而"拖延者"的大脑只是在努力遗忘、忽视，不去想这个任务。这时，是"逃避"心理在作祟，当它开始弄权，自律就被排挤。

什么都不耽误

一旦自律者明确了任务的截止日期，他们便会遵守承诺，确保完成。这并不表示他们的内心没有纠结，因为自律者也是人，在他们大脑中的"朝堂"之上，一样也有短视、逃避、冲动、自律四位谏议大臣，各有各的主张。但自律者的大脑中有个"有道明君"，它不宠信偏颇任何一方，而是开张圣听，充分考虑各方的需要。这样，自律者才不会由于任务的压力去打压休闲的需求，也不会因为娱乐过度而耽误了任务，这是一种平衡艺术。

我在《哪有没时间这回事：碎片化时代的正确打开方式》中，提到了一个非常重要的策略，就是主动碎片化。在这个碎片化的时代里，想要高效地花一两个小时去完成一项富有挑战性的任务，对每个人而言都是颇有难度的，畏难情绪会诱发人们逃避任务，转而投向低价值的任务或娱乐。主动碎片化就是在任务层面将大任务分解成小模块，在执行层面把执行一个模块的时间变得尽可能短，这样做事时就不会有太大压力，而且还可以穿插一些休闲娱乐来慰劳自己，真正做到平衡。

比如，我需要写一篇重要的发言稿。我可以给自己设立一个7天完成初稿的计划，之后我要每天投入时间去写作。写发言稿是一件需要花费心力的事情，要想做到观点清晰、言之有物、佐证恰当、令人印象深刻……绝不是一件容易的事。我自己采取的就是碎片化的方式，把每一个自然段，甚至一个大自然段的一层意思作为一个模块，每次只写一个模块。之后，我会停笔，也许休息放松一下，也许起来走走构思下一段，甚至还会玩会儿游戏休闲一把，接着，我再回来专心产出下一段。这样天下来，工作量有保证，该歇歇该玩玩，什么都没耽误，也不会觉得自己是在做一项艰巨的任务。

空闲时你可以观察一下，在公司的办公室里，那些一天到晚坐在那里一动不动盯着电脑发呆的职员，通常工作效率不高；反倒是那些干会儿歇会儿，时常走动，时常和同事交流两句的人产出更多。一个人进入低效状态的一种表现就是"闷"着自己，他们给自己划拨出一大块儿时间，专门用来完成一项艰巨任务，联系中断，取消一切活动，誓要憋出一个完美的结果。自律者绝对不会这样做，又累又慢结果还糟糕，自律者会分批次产出阶段性成果，这就是主动碎片化。

临时抱的佛脚是臭的

截止日期对于自律者是承诺，对于不自律的人却是讨价还价的筹码和唯一的生产效率来源。自律者不会天天数着离截止日期还有多少天，他们会把更多的精力用来关注思考任务本身。在设定截止日期时，自律者会更谨慎，不会拍脑袋下决心，等事后发现不靠谱再调整。不自律的人设定截止日期时颇为随意和理想化，这导致他们实际开工的时间更晚，执行任务时的感觉也更悲壮，每次都有"置之死地而后生"的意境。

那些前期一直逃避面对任务，临了靠"小宇宙爆发"来提高效率完成任务的人经常会这样为自己辩护："我这样挺好呀，截止日期是第一生产力嘛，每次我都能赶在最后时刻完成任务，效率还高，这有什么不妥吗？"

这种想法其实是把任务简单地看成按时完成和没按时完成两种状态，实际上思考和完成一项任务的整个过程给我们带来的远不止如此，其他一些值得思考的指标包括：

第二章

任务完成的质量如何；

完成任务的过程给自己带来的收获和价值的高低；

在此过程中自己的感觉和体验；

实际的投入时间；

由于在上述方面偷工减料所导致的事后要付出的成本。

如果有一种方式，可以把任何一个人任何一天所完成的任务数量、价值、体验、效率等方面量化出来，并且和其他人去比较，自律者肯定能占上风，而长期这样的积累，将会让自律者看上去有某种常人无法匹敌的强大效能。但，目前还没有办法让人们可以进行这样的对照，这就给了不自律的人沾沾自喜的机会，反正他们被老板、被同事、被客户、被截止日期推着也照样完成了不少任务，何必"杞人忧天"。

但不要高兴得太早，更高一级的自律者将会让人们看出明显的不同。

建构生活方式

为自己"编程"

如果说初级自律者关注的是如何高效处理任务,那么中级自律者关注的便是如何养成习惯。

之前提到马斯洛的需求层次时,我分享过一个观点,就是在任何一个层次上应适度满足,不应过度追求,在满足了当前层次的需要时,就应该去思考如何满足更高层次的需求。对于自律,也如是。在初级水平上,当已经可以较好地管理、计划、执行自己的日常任务之后,就要向中级水平迈进,否则,过度追求极致,会变成偏执的工作狂,而且,效率很难再有所提升。

为了能够让任务处理水平精进,一个自律者会把其中一些有效行为转化为习惯,如记事、做计划、思考和回顾、安排日程、做记录等,当他们把这些行为固化下来,便可以形成一套良性运转的任务处理系统,而不会像很多人那样,只有在忙的事多了才临时找张纸列列计划,闲了就又回到凭感觉的状态,有"好了伤疤忘了疼"之嫌。

不仅如此,自律者会在方方面面主动去养成好习惯,这在外人看来有点像没事给自己找事,但自律者深知其中价值。比如,很多人会因为工作一忙、玩得一嗨而忘记了喝水,一天下来饮水严重不足，这也是手机上出现了专门提醒喝水的App的原因。对于这些人来讲，每次喝水都是个任务，需要付出一定的努力。而养成喝水习惯的人，无须思考，无须额外准备，到合适的时间手头就会有杯水，自然而然地享用，轻轻松松。

习惯就像一套为自己编制好的程序，以"应用"的形式安装在自律者身上，每项应用都可以快速省力地解决特定问题，还能增强体验。

养成习惯和没养成习惯差别到底有多大？你可以思考以下情况：

我们小学时都背过乘法口诀表，这种死记硬背被很多不明事理的人诟病，但你可以想一下，如果在你的头脑中没有安装这份口诀，如果你不知道八八六十四、三七二十一、七八五十六，如果这些个位乘法你都要花时间去计算，那么你怎么可能轻松地算出83乘87呢？如同我们学习的很多技能，骑自行车、开车、游泳等，在你未能固化每一个动作之前，你的动作总是变形的，姿势总是蹩脚的，做起来总是磕磕绊绊的，与你熟练掌握时的差别甚大。

中级自律者不是用一招一式应对问题，而是用一套动作来解决问题。如果说初级自律者是程序员，那么中级自律者就是架构师，他们会架构自己的工作和生活方式，为养成每一个习惯去编制程序，这将会使他们在人群中凸显出来。

习惯是一道分水岭

人比人，气死人。习惯这事最怕拿出来做比较。

每个人身上都从小养成了很多习惯，只不过，和小任一样，并不是所有养成的都是好习惯。请允许我向你介绍中学生小任和她的邻居加同学小向，对比她俩一天的生活将会展示出中级自律者与"拖延者"的巨大差别。

早上7点整，闹钟响起，小向在闹钟响起时就坐起来，一只手关掉闹钟，另一只手拿起挂在床头的家居服披在身上，起身下床坐在梳妆台前。

小任迷迷瞪瞪地把闹钟关掉，翻身闭眼接着睡，她的每天都是这样开始的。

小向已经训练自己知道要做什么，按照什么顺序做及需要的东西都摆在哪儿，她几乎不用去思考。因为在前一天晚上她已经为自己准备好了一切，她拉开抽屉，取出摆在最上面的两件贴身的衣服、一双袜子和一条腰带，关上抽屉，从衣柜里拿出昨晚挑选好并挂好了的裙子，漂亮、干净、平整……

这个时候，小任还在睡她的回笼觉，已经7点20分，她的妈妈在卧室外喊她："小任，起床了，已经7点20了，再不起床要迟到了，

第二章

小任，你听到了没有……"妈妈每天如此充当小任的第二个闹钟，而小任也不会有丝毫感激之情，她被从梦里喊醒，起床气大得很，下床拉开门冲她妈妈不耐烦地说："成了成了，听见了。"这是她和她妈妈今天的第一句话。她从桌面上一堆堆的东西中找出她的梳子，梳了两下头又开始搜寻她的发卡，之后开始翻箱倒柜挑选她今天穿的衣服。这件不喜欢，那件有点破了还没补，最后决定还是穿她最喜欢的那件上衣和常搭配的那条裙子，虽然裙子已经穿了几天了。终于，她在抽屉里翻出来那件上衣，却发现领口有块油渍，抬眼一看表，已经7点半过了，她灵机一动，决定拿块方巾系在脖子上挡住那块油，匆匆穿上衣服就奔出了房间。

很多人都以为自律者总是紧紧张张的工作狂状态，事实正相反，自律者更可能是从容不迫的。

小向洗漱完后就和家人一起，边吃着丰盛的早餐边聊着今天一天要做的事情，爸爸还给她分享了一些新闻。用完早餐，爸爸开车送小向到学校，她总是能第一个到学校，老师也很放心把教室的钥匙交给她。

小向到学校的时候，小任的妈妈正焦急地等着女儿来吃早点。小任急匆匆跑到餐桌前，鸡蛋已经凉了，但也没时间琢磨健康饮食了，没时间喝牛奶，甚至没时间和妈妈道早安。她的裙子满是皱褶，上衣有块油渍，头发也乱糟糟的，她随手抓起些食物吃上几口就仓皇跑出家门，一路狂奔到学校，迟到，灰头土脸地溜进座位，这已经不是第一次了，还好小任的爸爸没有等着送小任，不然自己上班都会迟到。

小向在班里成绩第一，小任则总得倒数，不过她早已经接受了这个现实，她对自己的解释是："如果我想认真学习，我的成绩也能够很好，只不过我不愿意过那么无趣的生活罢了。"自律者都是过着无趣的生活吗？事实证明截然相反，自律者更可能过丰富多彩的生活，更有机会去进行充满意义的娱乐休闲和富有挑战性的认知活动。

自律者碰到问题会更积极地去思考，他们愿意把问题视作自己可控制、可改变的，而不是埋怨他人。小任认为大家有意排挤她，回家和妈妈哭了一鼻子，她并未意识到是一系列的习惯使她成为现在的自己。

我们每个人都是众多习惯的载体，举手投足中都体现了习惯。自律者会有意识地训练自己养成一个又一个的好习惯，这帮助他们节省了大量的精力，稳步地提高自己。这些习惯成为他们的软实力，悄悄地使他们拉开与他人的差距，为将来的成功做好准备。

被低估的十年

人们常说："人总是高估一年的自己，却低估十年的自己。"接下来，请你思考这样一个问题，你人生的最后十年，希望怎样度过？

这个问题来自一则加拿大的电视广告，画面被一分为二，左边的画面色彩鲜艳，右边的画面颜色灰暗。两边讲的是同一个老人，不同的状态。

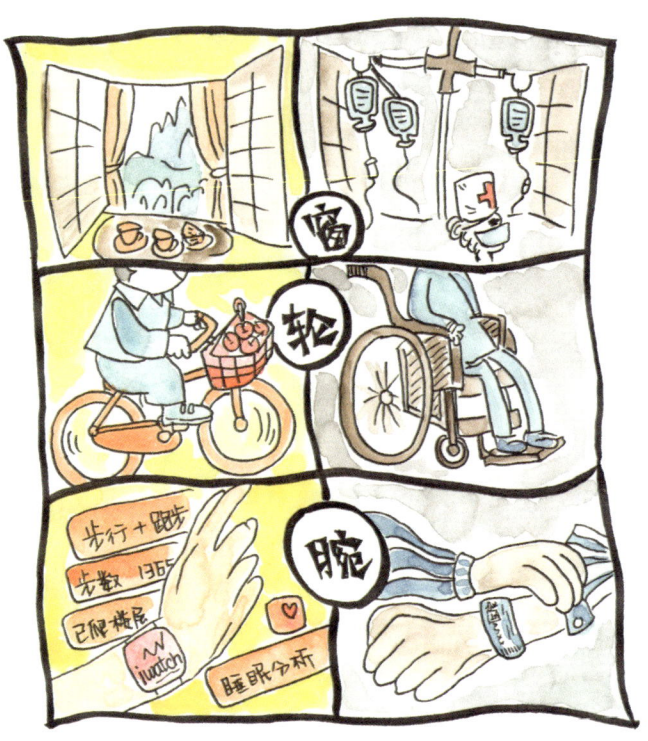

你最后的十年会是怎样的?是充满活力还是在疾病的困扰中渐渐老去?思考和回答这些问题意味着你现在做出改变还来得及,即使你从小没有养成任何好习惯。

不仅仅是日常的小习惯,自律者也在培养一些"大"习惯,这些习惯贯穿他们的人生,成为他们自己独特的生活方式。他们会为所有重要的事情留出空闲,他们会把时间平衡地分配到家庭与人际关系、饮食与健康、阅读与思考、兴趣爱好和有建设性的事务之上,他们不会等退休后再开始自己的晚年,他们时刻按照自己的方式享受生活。十年前的你,若没有足够的远见为此刻你的生活未雨绸缪,这可以原谅;而现在,你如果还不懂得架构自己未来的生活,那就显得太麻木不仁了。

释放巨大潜能

勇敢地做最好的自己

一个人,可以高效地处理任务,还能养成一大堆好习惯,已经很强大了,但仍然算不上顶级的自律者。顶级自律者将会使周围的人仰望。

如果一个人手头有任务,却不能按时完成,我们说他不自律;如果一个人有设想的生活方式,却不能培养习惯来实现,我们说他不自律;而如果一个人有能力,却不发挥它,我们同样说他不自律。这也是顶级自律者关注的焦点,他们竭尽所能去发挥优势,追逐梦想,再没有什么人能比他们更能体验到充分的自由。

我们每个人身上都蕴藏着巨大的潜能,在生命的成长历程中也曾无数次燃起梦想的火花,但对于多数人而言,梦想只是烟花,放一放很美,却只能照亮刹那夜空;潜能犹如核能,要么深埋地底,要么玩火自焚。于是,一部分人成了夸夸其谈的空想

第二章

家，一部分人追名逐利无法自拔，剩下沉默的大多数甘愿演绎着平庸的一生。而这些梦想凋零、潜能黯淡的人，却恰是对别人追求梦想嗤之以鼻的人，批评、谩骂、指责，冷水一盆盆地泼，乐此不疲。罗永浩说要造手机，他们说这是个疯子；马斯克说要造火箭，他们还说这是个疯子。

> 约拿是《圣经》中的一个人物，一直渴望能够得到神的差遣。有一天，耶和华终于交给他一个光荣的任务：以神的旨意去宣布赦免一座本来要被罪行毁灭的城市——尼尼微城。可是约拿却畏惧了，逃避了这个任务。直到耶和华寻找他、唤醒他、惩戒他，甚至让一条大鱼吞了他，他才在几经反复和犹疑后，终于悔改，完成了他的使命。

好吧，顶级的自律者就是一群"疯子"，他们倾其一生只为自我实现，成就伟大。那些嘲讽的人只不过是一群约拿。马斯洛为这种害怕自己伟大又嫉恨他人伟大的心理取名为"约拿情结"。

在马斯洛看来，约拿情结就是逃避成长的心理。所有人都有一种改进自我的冲动，一种更多地实现自身潜力，朝向自我实现或人性充分发展的冲动。而我们又不自觉地抵制这种冲动，马斯洛称之为"惧怕自身的伟大之处""回避自己的命运"或"躲开自己最好的天赋"。

其实，我们绝大多数人都有可能比现实中的自己更伟大，我们都有未被利用或发展不充分的潜力，只是许多人如同约拿一样,回避了它们。马斯洛在哥伦比亚大学任教时,曾向他的学生提出过这样的问题:"你们当中谁希望写出美国最伟大的小说?谁希望当议员、州长或总统?谁希望当联合国秘书长?谁希望成为伟大的领导者?"等等。学生们通常的反应都是咯咯地笑、红着脸、不安地蠕动。马斯洛接着补充提问:"如果不是你们,那会是谁呢?"一群哥伦比亚大学的学生哑口无言。

可以看出,我们都会害怕做最好的自己,而这恰恰就是自我实现。它处在马斯洛需求层次中的至高层,人们必须先满足基础需要,才有可能满足这种高级需要,所以它经常被人们忽视。

有一个自我要实现

自我实现到底是什么?说到底,得有一个自我需要实现出来。每个人都有一个自我,平时人们常说要"倾听内在冲动的声音",其含义就是要让自我显露出来。

然而,我们绝大多数人,特别是儿童和青年,不是倾听自己的声音,而是倾听爸爸妈妈的声音,倾听权威的声音或传统的声音。很多人在很晚才意识到要去努力发现自己是谁,是哪种人,喜欢什么,不喜欢什么,什么对自己有好处,什么对自己有坏处,自己要向何处去,自己的使命是什么……这种思考是伴随着痛苦的,是需要向自己敞开心扉,让自己能够挖掘到自己最深处的，这种痛苦导致人们宁愿使用外在的标签来定义自己。

于是，新的问题产生了，他们所要成就的自己是一个遥不可及的结果。而自我实现并不是一个终极状态，它是随时随地、点点滴滴地实现个人潜能的过程，是指努力做好自己想做的事情，并不一定是做大事，但一定意味着经历了一个艰苦、勤奋又有准备的过程。自律者会把自己的生命看作一个连续不断选择的过程，在每一个选择关头都有成长和退缩两种可能，他们会坚定地做出成长性的选择，做好每一件小事，这些小事合起来就是对生活更好的选择，只有当一个人敢于在生活的每个关键时刻倾听自己，并且镇定地说"不"，"我不喜欢如此这般"，他才能够明智地选择一种生活。

自律者每一次向内心索取答案，都意味着要对自己诚实，要去承担责任，而每一次承担责任，都是一次自我实现。一旦做出决定，他们便会全神贯注地投入其中去体验。

做一个顶级自律者是怎样的体验

让我们来给顶级自律者算上一卦，分析一下他们是怎样的人。

内心：较少受罪恶感、使人严重自卑的羞耻心与极为强烈的焦虑的影响。这并不意味着他们没有这些情感，而是他们很少有负面情感，而且他们也可以坦然接受自己的缺点和这些情感的存在。这使得他们坦率、自然,很少做作。他们也不会受到社会习惯和习俗的束缚,如果他们想做一件事情,更可能是因为内在的驱使,而非被外在的社会文化或道德力量所裹挟。在外人看来,他们似乎有一种超然于世外的境界,能够很好地独处,不受外界喧嚣干扰。

做事:行为受强大的内驱力推动,他们有目的、有意识的动机行为在数量和质量上都远超常人。他们非常善于解决问题,而且有着强烈的责任感、道德感和使命感。

人际:社交圈子并不大,但其中一些关系非常深厚和深刻。而他们交友时,很少考虑对方的阶层、教育、信仰、政治背景、种族肤色等。他们可以也的确对任何性格相投的人表示友好,只要对方某一方面比自己有所长,他们就会试图去学习。他们不会为了维护外在的尊贵或保持某种地位而装腔作势,可以说他们是一群谦卑的人。

能力:他们可以很好地达到自己的目的,并且非常享受实现目的的过程。他们是一群非常有创造力的人,而且有着富有哲理性的幽默感。

除了上述特征,顶级自律者还有一个非常重要的特质,就是普遍否认截然相反、对立或二分的东西,在他们看来,二分已经解决,对立已经消失,许多不可调和的东西合并和结合为统一

第二章

体。比如,心与脑、理性与本能之间的对立消失了,它们的关系由对抗变成协作,它们相互之间没有冲突。自私与无私的二分消失了,因为他们的每一个行动从根本上看既是利己又是利他的。他们既有高尚的精神生活,又非常不受约束,喜爱声色口腹之乐。责任同时也是快乐,工作等于消遣。

强调这一点,是因为本书将要向你介绍的帮助你改变的方法,是一套非对抗式的思维模式,这恰恰是顶级自律者的心智,也是你入门的起点。

第三章

非对抗式改变

知道容易做到难,坚持做到更难。积累碎片、培养习惯、坚持做到,这些听上去很需要意志力的事情,其实也是有更精巧的方法的,如前面讲的早起、早睡、做记录、写日志。本章帮你获得关于坚持的方法,让这两个字不再是抽象空洞的字眼,同时也为你取得长久的改变奠定基础。

第三章

自律者都是"善变"的人

改变的意愿不等于改变的能力

现今,网上什么学习内容都有,从免费微课到付费音频,各种内容都可以轻松获取。只要你想,天天泡在高质量的课程里也没问题。但如此发达的知识经济,却没有造就出一大批问题解决能力强、技能过硬的学习者,反倒使相当多的人现出了"知道做不到"的原形。想想你自己,学了那么多东西,可曾有所改变?关于自律,你知道的早已不少,但可曾真正做到?

很多人到处听课,满足的是一种"我没有

非对抗式改变

荒废时间，我在努力"的幻觉，学习和听课对他们而言是一种和听音乐、看电影一样的刺激，只是填补空虚的生活，他们并未想过落到实处去克服困难开始行动。如果说"不以结婚为目的的恋爱都是耍流氓"，那么这种不以改变为目的的学习就是"吸毒"成瘾。

我们"叫不醒装睡的人"，自己没有改变的意愿谁也帮不了他。但是，为什么大批勤奋好学、追求改变的人也都无法真正改变呢？

很少有人意识到，改变其实也是门学问，也是需要学习的。多数人都并不掌握改变的方法，所以他们听了再多五花八门的课程，学习了再多各式各样的技能，个人的提高也是很有限的。他们缺乏的是一种使自己从现状到目标状态持续发生变化的能力。多数人把自己改变的决心当成改变的能力，于是他们信誓旦旦踏上征程，终以半途而废收场。

改变的能力是成为一名自律者唯一必须学习的能力，也是这本书要教授给你的核心内容。当你具备了这种能力，不仅可以变成一名自律者，还可以借此获得其他技能，它就像《天龙八部》中的北冥神功一样强大。我将要传授你的这套方法，可以帮助你应对今后的各种复习考试，可以提升你的专业与职业技能，可以助力你克服生活中的重重难关。届时，你将会成为一名强大的问题解决者、高效率的学习者、在各种任务之间快速切换的行动者、平衡生活的享受者、强大习惯的养成者,一名真正自律者。

接下来,你必须改变你原来对于改变的认知,耐心跟我一起学习改变的方法,并且应用这些方法使自己发生改变。

习而时学之

提到学习,我不得不先给你分享一些学习的方法,以避免本书被错误地使用。

不少人,读书的数量本就不算多,而且常常自责自己无法把任何一本书读完,即使读完了又发现没记住什么,即使记住了一些却发现都是碎片不成系统。他们时常大呼:

如何才能读完一本书?

如何才能记住书上的内容?

如何才能系统地学习?

还有些人认为自己读书速度慢,会玩儿命去学习超速阅读法或高效学习之类的课程。

所有这些问题其实都不成为问题，因为它们来源于一种不合时宜的学习观，即学习等于信息获取，也就是把学习看作完整地将某种学习材料上所承载的信息印刻到自己头脑中的过程。这种错误的目的将导致错误的方法，所以，必须先重塑新的学习观。

学习的目的是满足内在需要，它可能是解决问题、滋养好奇心，或是提高文化修养。当持有这样的学习观时，才不会陷入前面说的那些麻烦当中。

> 咨询者小刘在找我来之前，正犹豫是否参加一个快速阅读的学习班，他说他读书太慢，每天给自己制订的读书计划很难完成。我问他制订了怎样的读书计划，他说他给自己规定每天读20页书，不读完就不睡觉。

你看，他把读书这件事当成一种"任务"，并且置于一种比我码字写书还要痛苦的境地，他是为了读书而读书，所读之书都是别人认为的必读、经典、推荐，他自己既没有问题需要到书中求解，也并不对书中的内容观点有所期待，他在忍受读书，而非享受读书，这怎么可能做得好呢？若不是来找我，就会上所谓的快速阅读班的当了。

> 另外一位咨询者Nancy的思维倾向可能更具代表性，她做很多事情前，都觉得自己必须先系统学习才行。无论是换工作、找对象，还是分享给别人自己的一些专业和兴趣，她都觉得有必要先考个研究生或拿个证书之类，这样她才能有自信。

第三章

如果把"学"视作信息获取,"习"视作行动实践,多数人把"学"看成目标,把"习"视作辅助,这可能和我们早年接受的教育有关。我们小时候,很多知识信息是被"灌入"的,这些信息足够基础,因此即使是"灌入"也是非常有价值的,老师们也强调"学而时习之",告诉我们为了信息的巩固,应该多复习多练习。经历了这样的十多年,我们已经有足够多的基础,到了成人阶段,应该将实践作为目的,把信息获取视作辅助手段,然而,很少有人顺利完成此过渡,未能充分理解"做中学"所带来的高效,仍然无法摆脱知识体系性学习模式给自己带来的虚假安全感。这样的人做一件事时不是投身去做,而是先绕一个大圈去考证。最典型的就是很多大学生,不是花四年认认真真地提升自己的专业技能,然后在工作中去实践,而是大费周折拼命似的报班考研,以期再花上三年泡在实验室里解决自己工作经验匮乏的问题,what a terrible idea!

我接触到的很多自律者朋友,都是每天看一本书,他们不会要求自己非得读完,也无须记住,他们更不会傻傻地把书的目录copy出来弄成思维导图之类,他们是在不断改变自己的现实状态和认知结构,在生活中产生有效行动,在头脑中建构属于自己的知识的连接,这才是真正的系统学习。

互联网的发展让信息获取更便捷,但信息获取只是学习的一环,从认知的角度看,学习是一个信息加工的过程,通俗地讲,

非对抗式改变

你的学习效果不是靠你吃多少来衡量的,而是靠你的消化吸收,以及贮存的能量被合理运用来决定,致用类的学习尤其如此。你应该带着问题去阅读,结合实际去行动,观察结果去反思,这样的学习才会给你带来高价值。

学习是个非常复杂的话题,我并不打算再花更多的篇幅来说明,回到本书,关于改变,在你继续向下阅读前,我希望你给自己找到一个改变目标,并且开始思考和实践。目标要小而具体,比如早起、跑步或戒掉某个不良习惯,你的前期思考加上我给你的指导会催生更深刻的改变。而接下来,我会先用某种具体的场景或问题引导你思考,之后提供给你解决方案并加以详细说明,最后还会给你提供一些实践和练习的建议。这样的设计可以帮助你更好地get到我要传授给你的点。

除非你要给别人讲授本书的内容,否则你完全没有必要刻意记录和记忆本书的内容。在学习过后,它应该成为你的一本指导手册,每当你意识到你要做出某种改变时,你就应该翻看本书来加深自己的改变功力。

最后一次提醒,学习本书的过程,不是画地图,而是旅行,接下来,让我们一起踏上改变的旅程。

改变没有方程式

人们倾向于把改变的过程看成这样：有一个改变的目标，制订一个改变的计划，尽可能详细，细化到每一天最好，之后按部就班地执行，哇咔咔，达成目标，改变成功。尽管这从未发生过，但丝毫不会影响大家对这种想法的执迷。我称这种思维方式为"线性思维"或"机械思维"，这种思维方式在问题解决过程中是有其价值的，然而，改变的过程，必须有另一种思维来主持大局，才能避免自己掉进思维陷阱，我称这种思维方式为"有机思维"。

小晨参加了课程后，决定开始自己的塑身行动，她为自己制订了一个为期三个月的跑步计划。她的计划很合理，规定了每周的跑量，而且是循序渐进的，最后有一个7.5公里的目标。

计划执行了两周，小晨就告诉我她打算更改计划了，因为她发现跑步并不合适，北京的雾霾太重，好天气的数量不足以支撑她达成每周目标，她打算改为游泳塑身，她家离泳池很近很方便，这个想法也很合理。

又执行了两周，她又发现她能游泳的时间游泳池里人太多，很影响她，而且游泳前后的准备和收拾也很麻烦，她打算改在家里跟着视频跳操，在家里不受场地制约，随时能做，这看上去也是非常合理的。

非对抗式改变

跳了一周她又告诉我,她发现她选择的"郑多燕"虽然不错,但太枯燥无味了,她找到了一套把街舞和健身结合到一起的操,非常有兴趣跟着学习,打算以后就跳这个了。

两个月后,她开始偶尔游泳,又过了段时间,她开始在好天气时偶尔跑步,现在小晨的身材超级棒,自己还在坚持探索和发现各种适合自己的健身方式。

小晨成功的改变过程并不是一次成功的计划执行过程,她完美的计划只执行了两周就夭折了,事实上她已经做得很不错了,大多数改变计划执行不到四天就彻底被放弃了。在讲述小晨的例子时,我多次使用了"发现"这个词,似乎小晨是个后知后觉的人,每次都是执行了一段时间才发现计划的不合理性和更好的解决方案。是否有可能在制订计划时就预估到所有的情况呢?嗯,有一些可以,但还有很多完全不可能,因为问题的发现依赖行动过程中的实际情况与反思,没有行动就不可能预料到各种不确定的可能性。

改变的过程就是这样的,它是在行动中的探索和发现。若把它视作一次旅行,它更像是一次说走就走的自由行,甚至目的地都是不确定的,而我们却更多把它看成是有明确目标、有详细路线图、有旅行社和导游控制节奏的跟团游。这种线性思维方式影响到很多方面:考试复习、学习新技能、寻找职业方向、找到自己的优势、确定自己的事业方向甚至婚恋，而上述所有的事情都应该应用有机思维去看待。

有机思维是"三维"的，把改变的过程视作动态变化的；线性思维是"二维"的，把改变看成单一变量的线性变化。一个人的成长和改变的过程是充满有机色彩的，我把它划分为三个大的阶段——

酝酿与准备阶段：在这一阶段我们开始反思自己是否应该做出改变，我们也会搜集信息来探寻改变的投入产出比，寻求可能的改变策略，我们甚至会采取很多行动来进行准备工作，也会采取行动尝试真的做出改变。

探索与发现阶段：在这一阶段我们会和小晨一样，密集采取大量的已知行动，在此过程中发现问题，思考更好的行动方案，然后继续新一轮的密集行动，这个过程可能会不断迭代，调整数次，最终，趋向于稳定在一个方案上。

巩固与升华阶段：在这一阶段我们不断思考自己在整个变化过程中的收益，进一步，让我们的改变发生根深蒂固的变化。我们不用再花太多的精力去调整方案了，也不用太花力气就可以让改变持续下来，因为这种改变已融入我们的生活方式甚至价值观中，真正成为我们自己的一部分。

非对抗式改变

每个阶段所花费的时间都是未知的,那些宣称21天、30天、90天……改变你的方法,都是迎合了你的机械思维倾向,一名优秀的自律者一定也是善于有机思维的人,他们能深刻体会改变的三阶段,并且能够游刃有余地控制自己在不同的时候应用不同的思维方法——过程看待与调整时使用有机思维,分析目标和行动时使用线性思维,这使得他们可以花费更短的时间达成更深远的变化。

在后面的学习中,你需要认真检查你对于改变过程的线性思考倾向,以下都是你应该避免的思考模式,它们来自学员的提问。

问 老师,我多久才能变成一名自律者?

答 多久,我不知道,甚至什么是一名自律者也没有清晰明确的答案,我已展示了自律的三个层次,每个层次都足够你追求一辈子,为何不把自律者看成那些正在采取行动追求自律的人,而不是达到了某种终极状态的人?

问 老师,我有……一堆问题,看了你的书就能改变吗?

答 这其实连线性思维都算不上,只能算是惰性思维,把改变的过程当成和吃药治病一样,只管药是否有疗效,却不对自己的努力负责,看了什么宝典也没用。

问 老师，你让我接下来两周去做这件事，这不成问题，可是我真的不打算一辈子都这么做，怎么办？

答 想太多了，没人让你把这件事情做一辈子，只是先做接下来的两周，做完你就会发现不同，届时再探讨下一步不迟。

问 老师，我知道接下来该怎么做了，但我就是怕我坚持不下来。

答 坚持？那是一个人意识到自己需要调动大量精力，来做一件自己已经发觉做不到的事情时，才会使用的词汇，你完全不需要坚持，既然你知道接下来该怎么做了，就先尝试让它发生，完全不需要强逼自己做所谓的坚持。

关于强迫自己的问题，我将在下一节给你细讲。

战胜自己？别！

如果你遇到以下字眼，如强迫、克服、战胜、压制等等，那么，你要警惕了，揣着这些期待做出的改变，不但得不到想要的结果，还会让自己变得焦虑、情绪低落，弄不好还会出现

非对抗式改变

心理问题。

小七就是个典型,他新换了一份工作,工作地点更远,上班时间更早,他意识到这是个不错的契机,来改变自己原本不健康的作息规律。之前他总是耗到深夜一两点钟才睡,这次他决定利用这个机会改成10点钟睡觉。

于是,开始新工作的前一天晚上,他强制自己10点钟上床睡觉。他的确做到了,但却无法睡着,在床上辗转难眠,过了两个多小时依然不觉得自己有睡意,不知道什么时候才睡着,第二天精神状态糟糕透了。他认为自己需要补充更多的睡眠,所以一定要保证按时上床,就这样,他陷入了每晚强迫自己上床,上床后长时间无法入睡,白天精神状态不佳的循环。日子久了,他发现自己越来越难睡着,而且偶尔睡着了还会中途醒来,甚至有几次他整夜都没合眼。睡觉这件事给他带来的压力越来越大,每次上床都是战战兢兢,在床上翻来覆去的时候更加痛苦不堪。

由于失眠,睡眠时间变短,为了保持精力,强制自己早点上床来延长自己的睡眠时间看上去是个很合理的方案,但它适得其反。小七去求助,咨询师分析了他的睡眠模式,然后要求他做睡眠限制,也就是在床上的时间不能超过6小时,凌晨2点以前不许进卧室,他可以做任何想做的事情来保持清醒,早上8点必须起床。这听上去会更加导致小七睡眠不足,起初小七在早上痛苦极了,他说他愿意花一大笔钱来换半小时睡眠,但一周后,当这个方案开始起作用时,小七发现他

第三章

> 可以有连续的睡眠了,到后来可以整整睡上一夜,那种感觉好极了,睡觉不再是令他担心的事情,而是他每天最渴望的一件事。

在小七的例子里我们看到一对矛盾,就是睡眠时间的长短。通常,人们认为改变就是加强一方的力量来削弱或消灭另外一方,通过增加睡眠时长来解决问题。

战胜自己,是个令人着迷的桥段。用自己的勇气、意志、决心,勇往直前,百折不挠,最后克服万难,终成正果,这是小说、电影和鸡汤文最喜欢使用的方式,但却不应该成为我们自律和改变时的思路。这本书教授给你的是一种非对抗式的改变,这不是"另一种改变方法",而是"唯一正确的改变策略"。非对抗,意味着原来的二元对立消失,勤奋与懒惰,效率与拖延,好习惯与坏习惯,工作与生活,自律与短视、逃避、冲动,它们之间不再水火不容,而要和谐相处,改变的方式不再是加强一方,压制另一方,而是跳出原来的矛盾以全新的视角看待问题。

想想小时候父母对我们的那些说教,"早睡早起""多花时间读书学习""先写完作业再玩",都对,可为什么我们不曾改变?想想那么多的书、那么多的课程告诉我们应该怎么做,都对,但为什么我们做不到?

很简单,因为它们都站在了我们的对立面。

别怕"烂开始"

用力过猛

在打算做出一项改变时，人们往往显得操之过急，并没有意识到改变需要一个酝酿和准备阶段，而是直截了当开始行动，而且，充满一种莫名的自信，这股力量强而有力，但非常短命，结果，很多改变半途而废。

> 小强在加入自律帮后，一直非常积极，在看到我开发的自律帮App可以完美地管理他的习惯后，他一股脑儿把大大小小的习惯都塞了进来，早睡、早起、跑步、陪孩子、画画、练字、健身……我猜想，这时的他有一种自己很棒的感觉，这种新开始带来的兴奋感我们每个人都体会过。但好景不长，很快小强就疲于应付，未完成的习惯越堆越多，最后他甚至不想打开App来面对它们了。

我们小时候的新作业本，第一页写的字通常都比后面的整齐；一本书我们很少错过开头，却很难读到结尾；背英语单词时，我们最熟悉的两个词是"abandon"（放弃）和"abortion"（流产）；那些刚开始健身的人总会在第一天就把自己练得浑身上下哪儿哪儿都疼；有些人工作能力很强，但却无法落实组织下达的任务，他们刚开始热情百倍、干劲十足，工作一段时间，尤其是遭遇困难和挫折之后，热情迅速退却。我称这种现象为起步

第三章

时"用力过猛",人们普遍用"虎头蛇尾"来形容它,这是很有问题的。

当形容一个人做事"虎头蛇尾"或"三分钟热度"时,暗含了这样一个信息,就是这个人坚持得不够好,热度不够。于是,解决的方案自然就变成下更大的决心,调动更大的热情,让改变来得更猛烈些。且慢,你是否在这里发现了一对矛盾呢?即通过加强前面的能量投入来抑制后面的轻易放弃,这就是一种对抗,这是不可能奏效的。用力越猛,后面的解决越是显得糟糕。

问题的症结在虎头,不在蛇尾,是三分钟的火烧得太旺。大多数时候,改变都不是轰轰烈烈的,而是像春天青草发芽一样悄然无声。任何一项改变都不会凭空产生,当你做出一项改变时,事实上也同时改变了原来的很多事情。比如当我决定在接女儿放学后和她一起游泳,影响到的事情包括我的晚饭、下午的加餐、女儿晚间的加餐、游泳时的饮水、洗澡的规律、晚上回家后的安排及第二天早上想着把晾干的泳衣收拾起来打包装好……人是没法一下子应付这许多改变的,尤其是在准备不足的时候,这就是为什么改变要有一个酝酿准备期作为第一阶段,在这个阶段,你最好什么也没变,花点时间把你的热情冷却,让冲昏了的头脑回归理性,撇掉那些不切实际的期待,好好权衡一下自己的利弊得失,为即将到来的困难做足准备,说真的,改变的确是说走就走的旅行,但不是裸奔!

所以，在小强把他的十几个习惯扔进App时，我只有四个习惯在被管理。

追求过高

用力过猛还常常表现为对极端状态的执着追求。

Hill是一名环保主义者，他到处游历，宣扬生活的极简主义和可持续发展，呼吁人们回归自然。但是，他自己却经历了一段很不自然的状态。

Hill开始改变他的饮食，完全素食。他清楚地知道光是每天吃一个汉堡，就能增加1/3的死亡率。作为一名环保人士，他更知道每年我们养殖100亿只动物，就为了它们身上的肉，而这些动物生活的那种工厂环境，是我们根本无法想象自己的宠物可以居住的。就环境来说，肉品排放的二氧化碳比所有交通工具的排放量还大，牛肉生产消耗的水是蔬菜的一百倍。然而这些专业知识，都无法让Hill做到坚持素食。

真的，他就是做不到，每当想象最后一个汉堡的时候，他的良苦用心和他的味蕾就产生了矛盾，他总是想着，这次过后我就再也……这是否也是你非常熟悉的句式呢？

Hill意识到了自己的问题，由于他把素食这件事看成二元对立的，要么吃肉，要么不吃，没有中间状态，这就导致他在与自己的对抗中落败。他修正了策略，开始进行周间素食，也就是周一到周五吃素，周末自由选择，就这么简单。

第三章

我们受"取其上,得其中"思想的影响,总是倾向于认为严格要求自己才能得到不错的结果,这个弯儿很多人都转不过来,他们会给自己提出高要求,即使从来没有做到过,他们仍然觉得只要要求够高自己就是优等。要求自己周间素食并且轻松做到和要求自己全素食但经常吃肉,孰优孰劣一比可见。

不切实际的苛求会蒙蔽改变者的双眼,使他们忽视了本应该做的准备。

事预则立,不预则废

小沈是一家IT公司的职员,她们公司五点半下班,但几乎没人走,大家都耗在公司加班,一直到八九点钟才陆续离开,小沈早就无法忍受这种磨洋工似的工作效率,她非常渴望能按时下班去享受自己的生活。在读了我的《哪有没时间这回事:碎片化时代的正确打开方式》之后,她决定开始改变,就不加班。

在别人看来,这也许很简单,不就是到点走人就行了嘛。但小沈深知做出这一改变并不容易,她需要提前做好所有的铺垫。她最大的顾虑就是同事和领导的眼光,在大家都留在公司加班加点的氛围中,按时下班的行为显得特立独行,她必须给自己制造一个可以自圆其说并能让其他人接受的理由,才能心安理得做出改变,她决定大费周章撒一个谎。

她特意找领导请了一天假,说自己要搬去男朋友家住,得用一天时间搬家。领导准了假，她在公司里逢人便讲，男朋友家离公司远，晚上还要赶回家给他做晚饭，一副很为难的样子。这个谎无疑是撒得很成功的，有几个同事甚至还劝她下班早点走。最大的顾虑打消了，但小沈仍没有开始执行不加班计划，她也担心自己工作效率提不上去，到下班点完不成工作，而且，临近下班的时候万一有工作找上门来，还会阻挠她的回家大计。假搬家的第二天，她开始尝试早起早到公司，尽量把自己手头的事情在上午处理完。她不想让同事在背后说她假装勤快，当同事问起她干吗那么早到公司，她仍旧把搬家的理由搬出来，说搬得远了，来得晚路上特堵，是被逼无奈的选择，这借口还博得了一些同事的同情呢。

开始尝试早开工后，效果明显。小沈上午尽力避免一切干扰，专心投入工作，下午自己手头的事情做完了，她有意识地提早和同事领导沟通、开会，免得临下班被人拽住跑不了。效率不再是一个大挑战了，小沈知道，她必须得到领导的支持，才能完全放心大胆地按时下班。她开始在接下来的一段时间，每天早上主动找领导沟通汇报工作，还把一天的工作提前安排好，发邮件给领导。领导见小沈家搬得远了，仍然主动积极地工作，就主动和小沈说工作做完了下班就早点回去。小沈拿到了这支"令箭"，高兴得不得了，终于可以如愿以偿了。

自此之后，小沈每天按时下班，回家后给自己准备一顿美食，收拾停当后，可以看书、追剧，甚至去健身房练瑜伽，这在以前都是难以想象的。小沈的工作效率更高了，精神状态也更好了，每天都乐呵呵的，别人只道她是和男朋友过得很幸福，没人知道她为了自己的改变做了多少准备工作。

小沈无疑是一位优秀的自律者，她清楚地知道要想改变，不能仓促行事，需要先把所有的障碍扫清，为胜利铺平道路。她知道自己想要什么，知道事情的难点在哪里，也知道该如何克服这些困难。如果你没有小沈的这份清醒理智，建议你使用下面的表格来为自己的改变做心理上的准备工作。

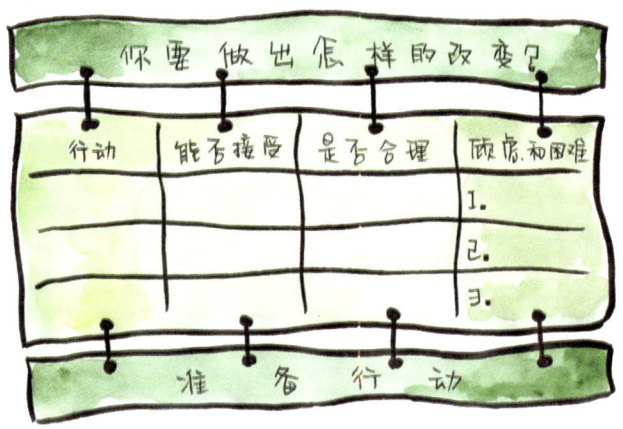

表格的最上方写下你要做出的改变，左侧列出做出这项改变你所能感知到的顾虑和预料到的困难，逐一分析它们，首先检查合理性，你的顾虑和担心是合理的还是庸人自扰，困难是客观存在的还是只是自我设限？其次检查你是否能采取行动来消除顾虑和困难，或者降低它们的影响，如果不能，你能否接受它们的存在？然后，如果可以采取行动，写下可能的行动。最后，在"准备行动"一栏，整理和总结你的全部行动，并开始逐项实施。

我们来一起用这张表格分析一下小沈的例子：

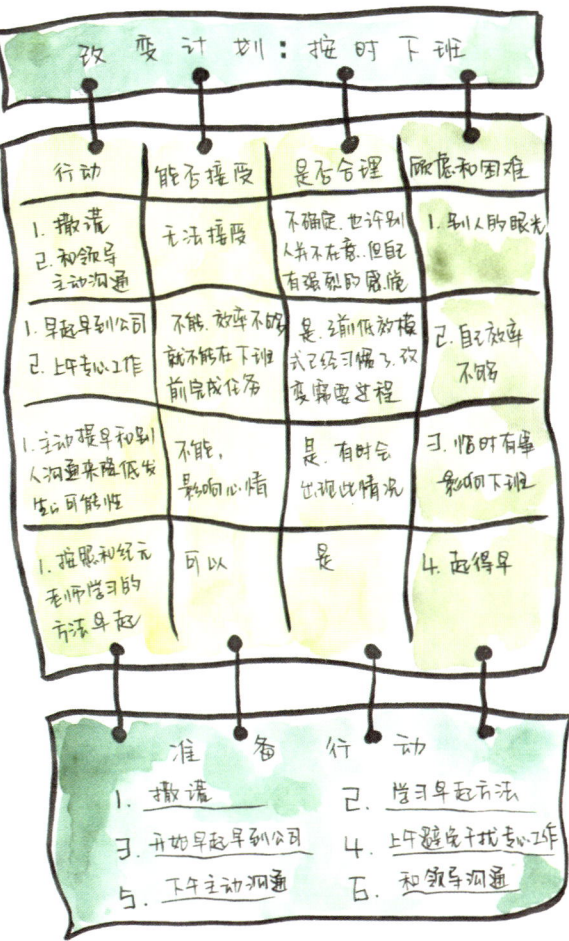

用利器撬动改变

有的时候，改变的准备并不会很复杂，通过好的产品就可以达到目的。小玲就是靠自己精挑细选的一款净水器来实现在工作时间美美喝水的目标的。

> 办公室里通常都有公用的桶装水，但对小玲而言并不方便。一来她对水的来源和干净程度有些担心；二来喝水的人多，有时去接水还得等着，就算没人排队也得等着水烧开，这对专注工作的小玲来说挺难做到的。结果忙碌了一天，没喝多少水，嘴干、嗓子疼，实在是急需改变。

> 同事们有的自备电热水壶，但电热水壶接自来水，烧完会有水垢，而且烧一遍，晚些再想喝开水，还得加热，不方便，对追求品质的小玲来讲，电水壶也是个没有美感的东西。小玲花了两个晚上，在网上选择了一款自己超级满意的净水壶，造型像个咖啡机，同样是接自来水，但可以直接进行过滤，而且每次喝水只需要把杯子放下面，按一下按钮，过一会儿一杯刚烧开的水就会自动斟满杯子，用起来惬意极了。小玲饮水不足的问题迎刃而解，每次饮水都是享受。

像小玲选择的这种方便行动又能增强体验的产品就是好产品。只要条件允许，请一定选择那些质量上乘且设计优异的产品来使用，这并不意味着追求最贵的。

一定要注意，有些改变，物品本身起到的作用很有限。最典型的例子莫过于花大价钱买的吸尘器，大多数都没用几次就被搁在了一旁。家务劳动的主要困难在于抬起屁股来收拾，不同的吸尘器对这一点的影响很小。与此相类似的例子也包括很多人在运动前花大价钱购置运动装备、买高级的电脑来写报告文案等。

当困难不是物品造成的，买多贵的也没用，便捷性和良好体验才是衡量产品的好指标。

请专家破题

有些改变，靠自己分析和摸索，往往会掉坑里，这时最好找"过来人"求助咨询。在我的众多咨询者当中，有一大类咨询的问题是关于复习备考的，他们大多是在职的人，要给自己学习充电，考取各种专业的资质，为以后谋求更好的发展铺路。职场人士复习备考的难处在于工作占去了他们大部分精力，课程基本靠听课和自学，没有人像在学校里那样挥舞鞭子要求他们及时练习、复习，所以多数人能拖则拖，临到头了紧张感才来，这时时间所剩不多，要学习的内容还不少，于是逼不得已，他们只好向我求助。

> 小颖就是其中一位，找我的时候还剩19天复习时间，这是她第二年考试。考的专业我是不懂的，但我清楚一个打算认真备考的人所面对的困难，以及他们可能为自己制造的有利条件。小颖跟我交流的第

第三章

一个收获是,她原本想的同时复习两门课的念头完全不靠谱(过高的期待),她决定踏实把眼前这一门准备好。

她在咨询过程中的第二个发现是,她的时间已经很不够了,原本她还指望最后一周突击,但现在她发现19天必须天天用好,于是她推掉了隔周的一个约会,还推掉了公司的一个活动,而且如果有必要,她也准备好向公司请一两天假来复习。

她告诉我最大的收获就是在我的帮助之下,分析了为了复习备考她分别在工作日和周末辟出来的时间在利用上的可行性和困难所在,并且为每一种可能遇到的困难设定了一种提前应对的方案。

比如工作日的中午,她打算挤出半小时去公司附近的图书馆复习,而公司到图书馆来回步行就需要半小时,算完这笔账,小颖也觉得有点得不偿失,我建议她就在公司复习,只不过复习的内容是不那么需要高度专注的内容,这样,在公司她可以用一小时的时间踏踏实实复习。再比如晚间,小颖想着到家后在家复习,以我的经验,那些在复习过程中遇到困难的朋友,在家中舒服的小窝里读书备考,绝对不是个好主意,我们探讨了换环境的可能性,咖啡馆小颖嫌吵,家附近的图书馆人满为患,最后发现原本中午她想去的那个图书馆成了下班后的好去处,她可以下午加餐,推迟晚餐的时间,下班后立刻去那里待上两个多小时,这可以大幅度增加她在工作日的复习时间投入。

就这样逐项分析后,小颖可以比较明确地开始自己的复习计划了，而且，碰到新的问题，她也掌握了应对的思路。像复习备考这样的事情，其实属于重大改变，由于投入的时间量巨大，备考将影响到生活中的方方面面，可以说是困难重重，但你只要掌握分析的方法，耐心地在启动阶段做好准备，就不会有大问题。

有些事情可以找人咨询求助，但工作生活中大大小小那么多改变，不是每一项都能遇到贵人相助，也不是每一项都能在未开始行动前就做到未雨绸缪的，当你该分析的分析了，该准备的准备了，该采购的采购了，该咨询的咨询了，就应该大胆进入改变的第二个阶段，尝试在行动中发现问题、解决问题。

在进入下一阶段前，请你牢记在酝酿和准备阶段，你的工作重点有哪些。

请把自己身上的鸡血排掉；

请把不切实际的期待去掉；

请分析改变的顾虑与困难；

请准备改变所需的物品；

请咨询与改变相关的专业人士；

请以试试看的心态尝试开始行动。

让改变清晰可见

Loser只知道自己不想要什么

从这里开始,我们进入改变的第二阶段,你将通过行动与反思探索来发现一条改变的通路。整个第二阶段由三个循环连接的部分组成,它们是行为分析、自我调节和问题解决。我们首先从行为分析开始。

当我们要发生一项改变时,首先应该清楚地知道自己要变成什么样。这听起来似乎是不言而喻、显而易见的,现实的情况却是,多数人在企图做出改变时都不知道自己应该变成什么样子。你读这本书,肯定是为了变自律,但若不是你耐着性子嚼完了前面我给你掰开揉碎讲自律的文字,你对自律的理解可能会仅仅停留在"自律"两个字上。

咨询者Phoenix在找我求助时的状态,简直就是对于改变目标模糊状态的典型,她想让自己变得更勇敢。

> 最近不知道怎么了,一直没来由地心慌慌,怕着什么,好像是对实习和找工作的恐惧,但如果真是这样,我很奇怪,我找过很多实习和工作了,也是有一定经验的了,我为什么会怕呢?而且,我这样慌又有什么用呢?我一向倔强,清楚着自己并不是迷茫,而是对这四年的懊悔,没有更早地做好准备,没有更严格地自律,深刻来说,我是

怕自己现在及未来也是如此放纵不知努力，甘心就这样，随波逐流，自己还是老样子。一直是这样子。我又真的愿意舍弃安逸吗？不敢斩钉截铁已经说明了我的懦弱。说到底还是自己不够勇敢，不敢挑战自己的惰性，不够专心。所以，我觉得我是想勇敢一点。

这段独白似的陈述稍显语无伦次，我们能体会到她强烈的不安和犹疑，她急切想做出改变，除了"勇敢"两个字，却无法具体说出更多关于变化后自己的任何细节，她对现在的自己有着大篇幅的详细描述，这和多数人无异。

人们在改变时，往往是从逃离现状开始的，他们对现在的自己不想要哪些、不喜欢哪些总能够有很具体、很深刻的认识，现状让他们苦恼、烦闷、焦虑不安，当痛到极致，他们开始意识到自己要有所改变，改变的目标就是摆脱现状，离开现在的状态，但到哪里去、变成什么样，却从未细想过。

有的人想让自己"有得选"，其实只是自己应付不来眼前的苟且；有些人想让自己"拿得出手"，其实就是不想做没成就感的事情；有些人说要变得"更真实"，其实只是不想再忍气吞声；还有的人说要"慢下来"，其实只是奔跑累了，力不从心。

他们都和Phoenix一样，只是不想要现在的自己，于是找了一个抽象的词来形容现在自己的对立面作为改变的目标，仅此而已。Phoenix怕这怕那，于是想变勇敢。我告诉Phoenix的是，勇敢不是

第三章

不害怕，正如好人不是不做坏事的人一样，自律也不是"不自律"的，若你能放下这个二元对立的思维，你将清楚地看到，知道不想怎么样并不等于知道想怎么样，这完全是两种思维境界，停留在不想怎么样，你与全人类的思维基线水平无异，能够具体描述想怎么样，你将能成为优秀的自律者。

有一则笑话，可以很好地体现这种吊诡：

女：你抽烟吗？
男：抽。
女：每天多少包？
男：三包。
女：每包多少钱？
男：2英镑。
女：你抽烟多久了？
男：15年。
女：所以这些年来，每年你抽烟就花了2190英镑。
男：正确。
女：1年2190英镑，不考虑通货的话，过去15年里你抽烟总共花了32850英镑对吗？
男：嗯。
女：你知道吗？如果你没有抽烟，把这些钱放在一个高利息的储蓄账户里，按复合利率来算，你现在能买一辆法拉利了。
男：你抽烟吗？
女：不。
男：那，你的法拉利呢？
女：……

发现了吗，如果你只知道"不吸烟"，并不能使你变成更好的自己。不想要什么，是一种规避性动机，想要什么，是一种成长性动机，如果说规避性动机促使我们开始做出改变，那么只有靠成长性动机才能帮助我们完成改变。

所以，别再抱怨你不想怎样了。

改变是一大坨行动

请别误会我的意思，有逃离现状的渴望是改变的开始，我无意否定它的价值，只是要提醒你单纯地逃跑是不够的，还需要有个方向。接下来，我必须告诉你应该怎么做来具体化你的改变方向。

当你想做出改变时，你必须把这项改变转化成一种明确具体的行为，这样才能清楚自己是否真的做到了，或者是否走上正确的改变道路。这里我们提到的行为，是指一系列的行动，这些行动使自己与所处环境产生了互动。不难发现，行动是看得见、摸得着、做得出的，它是改变的唯一外部体现。不管你想有怎样的改变，最终都要让自己产生出若干行动，这些行动的持续发生使你的行为变得稳定，而新行为的稳定标志着改变的达成。

很多人认识我，都是从学习我的早起课开始的，这个课程的目标是传授人们科学的睡眠知识，教会大家不赖床的技术，进而使学员变成一只"早起的鸟儿"。关于早起的文章,可谓汗牛充栋,网上随便一搜就是一大堆,但为什么很多人反馈说只有在听了我的课程后才真正做到了早起,而且还无比轻松自在?

正因为我把早起这个模糊的改变目标转化成了具体的行为,它表现为以下一系列行动:

1. 在前一天晚上准备好A闹钟,设置在期望起床时间的前五分钟,设置好轻柔但足以唤醒自己的音量,放于枕旁。

2. 再准备第二个B闹钟,设置在期望起床时间,声音要非常巨大、震撼。如果可能,尽量让闹钟不会自动关闭,将其置于必须下床才能够到的地方,或者干脆放在另外一个房间,但要确保整间房子里的人都能听到。

3. 和室友、伴侣说好,不许关掉此闹钟,必须由自己亲自来关。

4. 在B闹钟旁边准备好水、小吃、提醒自己为什么要早起的物品等。

5. 去睡觉。

非对抗式改变

6. A闹钟响起,你听到了,关上它。你有三分多钟的时间缓上一缓,但不要睡着,否则B闹钟响起时将会吵到所有人,你还是得下床。

7. 下床,走到B闹钟旁边,在B闹钟响起前(或者也许此时它已经响起了)关掉它。

8. 喝水,吃东西,活动身体,刷牙洗脸,做一切能够让自己清醒的事情,拖延自己回床上的冲动。

9. 早起成功,enjoy。

你看,就这么简单,当你把改变最终转化为行为时,那种感觉就像是知道了脑筋急转弯的答案一样——原来如此。我没有说"不要赖床""不要睡太晚"之类,而是给出了一系列非常具体明确的行动,任何人都可以操作。

最后,我们用个公式来总结一下。

如果说:

早起 = 双闹钟起床法 = 行动1……n

任何的改变公式就是:

改变 = 一项具体行为 = 行动1……n

改变的过程就是由原本不产生或很少产生这些行动的你，变成经常大量产生这些行动的你。改变任务和思路也就清楚了——促进这些行动的产生。

你很可能并不能一开始就清晰地看到所有的行动，早起的全部行动也是我自己在4点起床的实践过程中逐渐摸索出来的，但在开始时，你至少得有一项明确的行动，这样才能逐渐以此为基础去调整。

你无法凭空改变

如果你已经将你的改变转化为一系列清晰明确的行动了，那么你已经成功了一半。对，就是一半，别以为把行动一二三四五一列就万事大吉了。

当你打算发生一系列行动，建立一项新的行为时，你并不是在凭空建立它，一项新行为的建立，必然影响到旧的行为，如果旧行为有足够强的竞争力，更可能争夺走你的时间、注意力和意愿，那么新行为就很难占据一席之地。因此，光设计出新行为只能算是成功了一半，你还必须分析与之竞争的旧行为，并设计一些行动来规避、削弱、消除它们。

哪些行为可成为新行为的竞争者？事实上任何行为都有可能。如果你的新行为简单有趣，那么它的对手可能会很少，但如果新行为困难且枯燥，那几乎所有其他行为都是具有诱惑力的。

非对抗式改变

竞争性的行为不一定都是娱乐休闲性质的,也有可能是另一种困难的工作,它们带有令人"废寝忘食"的性质,可以抢夺做其他事情的精力。此刻,我的健身行为(2017年开始的新行为)正在遭受写作这件事儿的打压,当坐下开始赶进度,起来费力地动一动就显得不那么吸引我,为此我必须重新设计行动方案。

规避: 以前我的健身是集中在午前和午后进行的,一般是两组到三组健身动作,加起来30多分钟,这在最开始是奏效的,但遭遇写作竞争后,频次逐渐降了下来。于是,我把健身动作拆解了一下,早起后一次,约10分钟,游泳前一次,约10分钟,下午写作时保留两次。这样,早起后和游泳前没有写作或其他任何事情的争夺,这两次可以很好地保持,这就避免了与写作行为的直接竞争。

削弱: 专注写作时,的确一点也不想干别的,一旦一个部分写完,开始构思下一段时,这个间隙就可以被利用。喝水、吃点东西、溜达溜达……这个时候,虽然仍然处于写作时间,但它的力量没有那么强大,插空健身就成为可能。我给自己规定了两组健身动作,利用这个间隙来完成。健身也可以让大脑放空,接下来写作的时候会更加专注。

消除: 我还可以考虑每写完一个小节,就彻底停下来,安排出20分钟左右专门给健身,这样就可以去完成那些耗时相对长的健身动作。之所以说是考虑，是因为人为暂停或消除一个旧行为是件更为困难且不算自然的事情，难度最大，我推荐你先选择规避策略，再选择削弱策略，最后才考虑消除策略。

很多自律性很强的咨询者在找我时都带来了一份自己的计划，从十年的远景目标到近两个月的具体计划，不少人的计划堪称完美，他们非常清楚自己想要什么，也知道自己该做什么，他们唯一落下的，就是分析所有可能影响到他们计划执行的竞争行为。

知己知彼，才能百战不殆。

行动的设计思路

我已经为你勾勒出一幅图景，如同盖楼，每一层就是一项行动，每个行动层层搭建起来，逐渐形成一套完整的新行为。找出这些行动是关键，接下来我帮助你按照行动的目的将它们分门别类，为你提供找到和设计它们的思路。我以早起的行动为例。

目标行动：目标行动是整套行动的最终目的，它的发生标志着达成行为结果。比如"早起后坐在桌前开始看电影"，如果我们以此为目标，则这个行动代表了早起的成功。这里要注意的是，有些目标行动和早起一样简单，但有些会比较困难，比如跑步。跑步本身就是目标行动，这时，我们可以把目标行动定义为

"开始跑",只要开始跑了,就视作达成目标,不要理会具体跑了多久多远,因为这类行动一旦开始,通常就不会立刻停下来,而如果执着于跑量等目标,会有可能因为该目标未达成而受挫,否定了自己原本发生的一系列前期准备行为,这是不必要的自我折磨。

提高目标行动发生可能性的行动:如果轻轻松松就可以做出目标行动,那么完全没必要大费周章去考虑其他行动来辅助,但改变通常都不会这么干脆利落地发生,目标行动的发生总有各种阻碍,因此,还需要一系列其他行动来促成目标行动。在早起的例子中,前一天晚上闹钟的准备、物品的准备都在一定程度上促进了最终早起的发生。

所以在设计行动时,必须考虑哪些行动可以提高目标行动发生的可能性,并做事前准备,主要有以下几种行动可以考虑:

1. 提醒。设置提醒物或借助科技/其他人的助力,在必要的时候提示自己应该做什么,应该怎样做。

2. 提升动力。唤醒自己对目的意义的思考和渴望,增强做出行动的动力。

3. 增加趣味。通过让行动变得有意思来提升动力。

4. 制造监督。通过他人的关注或与他人的比较来获得被监督感。

5. 增加便捷。通过工具、物品或流程的优化，降低目标行动发生的门槛。

6. 预备练习。提前通过实践或想象的方式，熟悉每一个行动。

削弱竞争行为的行动：前面已经提到了，竞争行为的存在严重影响新行为的产生，在早起的例子中，关掉闹钟回到床上接着睡觉就具有极强的诱惑力，极有可能导致前功尽弃，因此，要削弱这一行为发生的可能。经过分析会发现，在作息时间合理的情况下，身体的困倦感是导致回去睡的主要原因，因此设置了"喝水，吃东西，活动，刷牙洗脸"等诸多行动，来缓解这种感觉，降低竞争行为发生的可能性。

这和前面的思路正相反，前面是想尽千方百计为行动铺平道路，这里就要绞尽脑汁给竞争性行为制造障碍。

消除提醒：如果你经常吃零食，那么你最好把零食藏得严严实实的，消失在你的视野里。如果你忍不住玩手机、动电脑，那你最好把它们锁进柜子里。任何视觉上的线索都可能诱发你想到竞争行为。

转换思维降低动力和趣味：竞争行为的诱惑力一部分来源于我们的认知，调整我们的看待方式，将会有助于我们降低其诱感。爱吃肉的人如果想象着多汁的牛排会立刻缴械投降，但如果经常去触碰、去闻一块生牛肉，就会发现，撒去调味料的肉类没有丝毫"好吃"可言。一种零食"彩虹糖"，名字就足具吸引力，但如果告诉人们它其实是"乙酰化双淀粉己二磷酯+辛烯基琥珀酸淀粉钠+柠檬酸钠+巴西棕榈蜡+二氧化钛+铝色淀……"混合后的化学粉末晶体，它还能具有多大诱惑力呢？

增加困难： 如果一项行为做起来很麻烦，那么它发生的次数就会减少。设计师把卫生纸的卷轴由圆形改为方形，导致抽动卫生纸时的顺滑感消失，取而代之的是阻力和伴随的"咔嗒、咔嗒"声，这样，可以促使人们节约用纸。

制造监督： 降低竞争行为也可以引入他人的监督。尤其是那些不良的竞争行为，在他人在场的情况下，很少会发生。

有了以上思路，你就可以设计出一系列行动去促进改变的发生，但是，仍然会有一些改变，似乎不是在改变行为，而是要改变思维或情绪状态，那么应该怎么设计呢？

一切都是行为

小慕发现身边的自律者大都是乐观的人，而自己总会有些消极思维，不能以积极的心态来看待问题。她找我求助是因为"变乐观"这项任务完全无从下手，这是一个思维的改变，找不到任何的行为，也就更难去设计具体的行动。

  我和小慕一起分析了她身边那些乐观的人和她有什么不同，我们发现乐观的人并不一定是每天都那么乐呵，他们的不同之处在于认识世界和判断事情的方式有自己的特点——他们看到更多的是好处和可能性，他们会等问题真的发生了才去担心问题……我进一步引导小慕思考她是如何得知这些特点的，小慕意识到是通过他们说的话，乐观者说话的方式明显有所不同，也就是说乐观者的语言习惯体现了乐观，我和小慕一起写下了一些她所认同的乐观者的语言，比如：

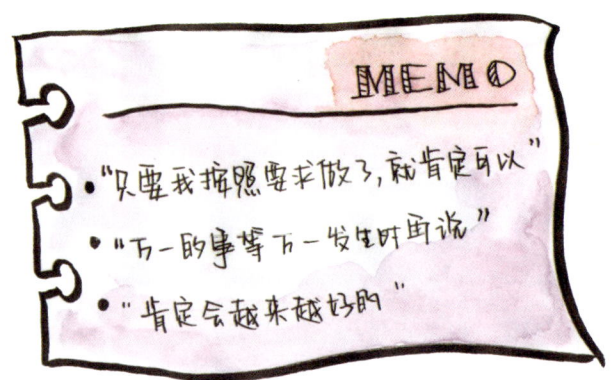

  接着，我建议小慕张贴它们，并且使用这些语言。小慕也真不含糊，开始痴迷于总结乐观者在不同情况、面对不同类型事情时的语言，总结之后找出自己可以接受的，就开始用学来的新

方式去说话。渐渐地，她开始觉得的确很多时候没必要过多地担心，很多事情是自己可以掌控的。

思维方面的改变可能是看上去最难的，因为它看不见、摸不着，而且碰到情况时不是应该怎么想就能怎么想的。但思维有其外显，这就是语言，语言的运用是非常具体的行为，通过改变自己使用的语言就可以影响到自己的思维方式。

当改变的对象是思维时，我们把语言当行为来进行设计，那么，当改变的是情绪时呢？

这是世林妈妈最大的困惑，儿子6岁半了，经常"淘气"，世林妈妈就以"脾气"应对。她跟我说，她觉得自己每天都要跟孩子发脾气，孩子总是在挑战她的底线，使她很难不爆发。她知道冲孩子发火是不对的，可她就是控制不了自己。她找我求助就是想控制自己的情绪。

依照前面的思路，对于情绪这种看不见、摸不着的东西，我们需要找到它的外显，然后通过控制外显来控制自己的情绪。情绪的外显就是表情，包括面部表情、语音语调和身体姿势，我和世林妈妈一块儿分析了情绪好时这三方面分别是怎样的，以下是世林妈妈的结论——

1. 面部表情：微笑的，眉毛上扬的，眼睛睁得大大的，像是看到了惊奇有趣的东西。

2. 语音语调：语调抑扬顿挫，声音不大，但很有热情。

3. 身体姿势：稍微压低身体，或者蹲下和孩子说话。

有了这个的分析，就不难找出行动了，我和世林妈妈说，下一次你再生气时，请你面带微笑，眉毛上扬，眼睛睁大，蹲下轻声地和孩子说话。世林妈妈表示她不确定自己能做到，我说没错，这的确不容易做到，需要练习，就如同世林无法立刻做到你要求的一样。听了这话，世林妈妈放宽了心，决定回去尝试。

我并没有让世林妈妈"换位思考"，也没分析她发脾气的必要性，这些都太空洞，世林妈妈需要知道的是回家之后怎么做，只有行为可以做，而控制情绪的行为一定要从表情着手，这样，做到没做到一目了然。

看完上面两个例子，不难发现，任何改变都是可以找到具体行为的，也只有找到了具体的行为才能着手去做。一定要意识到，不可能一蹴而就地实现改变，这需要一个渐进的过程，而在这个过程中，要不断地调节自己，不断地重构设计，这就需要另一种技术来完成，下一部分我们将详细讲解。

打一局改变游戏

本该拍手点赞,却说自己很烂

通过行为分析,你已经对你要做出的改变有了更深刻具体的认识,现在是撸起袖子开始行动的时候了。一旦开始着手改变,你就启动了一个循序渐进的过程,在这个过程中,你必须知道自己表现得到底怎么样,才能有针对性地调整。因此在开始改变时,你必须对自己如何算做得好有正确的认识。

这就意味着你必须找到一个衡量标准,来体现出你改变得怎么样。比如你想变得更富有,那么现金、现金流、固定资产都可能成为你的衡量指标。没有衡量指标,纯凭感觉做事,是非常可怕的。想象你乘坐的飞机正在太平洋上空飞行,在行程到一半时,机长宣布:"我有一个好消息和一个坏消息。坏消息是仪表坏了,我们迷路了,我不知道飞机速度多快,我们飞往什么方向,也不知道还剩多少油。好消息就是飞机飞得很好很快。"

没有量化指标不行,错误的量化指标可能是更糟糕的,经常会导致夸夸其谈和自我挫败。

几个月前和隔壁大姐聊天,她说她开始跑步减肥,我说:"您工作那么忙坚持得下来吗?"她的回答很耐人寻味,她是这样回答的:"我昨天还跑了10公里呢!"你可以细细体会一下,她是用什么指标来衡量自己的改变呢?她认为自己一天就跑了10公里很棒,很厉害,但懂得"烂开始"的你一定有点为她揪心了吧,刚开始用力过猛,会导致很难持久。实际上,对她的减肥大计来说,坚持的日子有多久可能比她一次跑得有多远会是更合适的衡量指标。

学员小杨也在减肥,她比我那位隔壁大姐坚持得好多了,开始的两周她做得非常好,饮食上非常注意多吃蔬菜水果,减少了肉食和零食的摄入,自己也在家跳了几次操,在我看来她应该非常满意自己的改变行动,但她却特别沮丧。求助我时她说她每天都称体重,两周过去了,体重不降反增,她感觉非常郁闷。你再想一想,小杨是在用哪个指标来衡量自己的改变呢?她应该用哪个(或哪些)指标更好呢?

小杨的例子会更具有普遍性,当选择了错误的指标衡量自己的改变效果,除了会让人像隔壁大姐那样盲目乐观,更多会让人感到自己很失败。这种挫败感使人们忽视了自己取得的成就,否定了全部的努力,并且常常导致半途而废。

那么,究竟什么样的指标是适合用来衡量改变的呢?

在前面介绍行动的设计思路时,曾提到了应设计一些行动,用来提高目标行动发生的可能性,降低竞争行为发生的可能性,这种"可能性"可以很好地反映一项改变的进展程度,"可能性"在英文中是probability，也就是"概率"的意思，改变的过程就是目标行动发生概率从低到高的过程，你变成自律者的过程也是那些自律行为发生在你身上的概率从低到高的过程，可以说，对于任何的改变，目标行动发生的概率都是非常好且非常基础的衡量指标。

如果小杨不是天天盯着自己的体重，而是看着自己跳操和吃蔬菜水果的概率变化，她会为自己感到骄傲的。

头脑简单的人玩不了这游戏

一提到概率，很多人会望而却步，因为它和我们从小学到的东西相违背。我们学习的数学、物理，是建立在代数基础之上的，有确定的公式和确定的解。而概率这种模棱两可、含糊其词的表述方式，实在是令人挠头。

> 小伍正面临职业的重要变动期，他准备了一年的从业资格考试，就是为了能够进入业内顶尖的公司谋求心仪的职位，但是，成绩出来以后，他觉得自己被彻底击垮了。他一直在想：自己辛辛苦苦复习了一年，结果所有的牺牲付诸东流，白费了一年的工夫，他觉得自己的前途彻底毁了。

小伍所呈现出来的就是一种二元对立的思维，考试没有通过就意味着前途尽毁。他忽视了这样一个事实——他还有很多其他

第三章

的选择，同样可以帮助他在职业上有所发展。这种与概率思维对照的思维模式，是一种看待事物走极端的倾向，认为事情不是好的，就是坏的，忽略了中间状态。在这种思维的指导下，人或事不是正面就是负面，不是成功就是失败。而实际上，我们生活中的大多数事件既不是美妙绝伦的，也不是惨不忍睹的，而是处于中间状态，这就是概率思维，既不是0%，又非100%，而是有若干可能性存在于其中。

当有人问出"使用了这个方法就一定能管用吗""读了你的书就一定能改变吗"之类的问题，你就不难发现，他们在寻求确定的答案，他们想尽力避免自身努力不足或运气不佳所带来的随机性，他们不能接受这种随机性，甚至当意识到这种随机性的存在时，他们会放弃尝试的努力。而随机和不确定，恰恰是概率论的基础，也是现实世界普遍存在的现象。我这本书能够卖得比前一本好吗？也许吧，这本书的结构更严谨，方法更成体系，如果我努力去宣传，应该有40%的可能比前一本做得好，那么，我是否应该继续写下去呢？如果你的改变计划，包含了10个行动，每个行动都只能给你增加10%的成功可能性，你是否愿意去做呢？

持有二元对立思维的人不但容易犯"非黑即白"的错误，而且往往会"过度概括"。他们仅仅根据有限的经验，就对自己的改变得出消极的结论。有时候，仅仅凭一次经历，就会使用"总是""从来"这样的词汇来思考。学员Amanda就是如此，在我的课上，当我提示大家可以通过引入外部监督来促进自己的行动时，Amanda立刻站出来表示，这对她根本没用，她从来都不在意别人的看法。我并不清楚Amanda曾经经历过什么，或者她的表态只是为了彰显个性，但她的确因为坚守绝对化的立场而丧失了增加行动发生的可能性的机会。

成功的改变，必须持有一种成长型的思维模式，把改变视作一个持续的过程，在此过程当中，把要改变的东西视作是可以通过后天努力培养的，就像锻炼自己的肌肉一样，刚开始你能坚持的练习数量可能很有限，但随着你不断练习，它们将会逐步提高，而概率就是你改变水平的反映。优秀的自律者一定是概率思维、成长型思维及其他优秀思维习惯的集大成者，他们可以轻松地驾驭改变游戏。

观察、判断与反馈

现在，你已经找到了目标行动发生的概率作为衡量你改变的指标，而且，你也有了最初的一系列行动方案，但这仍是不够的，在行动过程中你会碰到很多始料未及的困难，你必须能够对它们做出及时的反应，灵活地调整行动方案，并继续行动等待下一个困难的到来。

说这是一场改变游戏，是因为这个过程真的很像玩植物大战僵尸。你有了目标——放置植物消灭僵尸，也有了指标反馈——进度条，告诉你还剩下几大波僵尸，剩下的就是兵来将挡、水来土掩，随时调整植物搭配和布局去阻止僵尸进攻。

稍微和游戏不同的是，游戏的目标、反馈都是游戏设计者事先为你提供好的，而在自我改变中，你必须做你自己的游戏设计师。为了帮助你充分了解这个过程，请先看看小沈学习制订日计划的过程。

> 小沈是某广告公司职员，之前她尝试每天到公司后，先列出当天的工作清单，然后再工作。尝试了几天之后，她就发现清单上的大部分工作她都完不成，看了我的书之后，她意识到不是自己执行力的问题，而是她刚开始计划列得太多了。于是尝试减少了清单上任务的数量，并且，每天用任务完成度（完成任务数除以计划任务数）来衡量自己的改变。最开始完成度仍然很低，她就继续缩减清单上的任务数，直到每天只列三件事情，她发现完成度可以及格了，每天至少可以保证完成两个任务。之后她又继续学习我的方法，把清单上的任务尽可能细化，开始提高任务数，并小心翼翼地维持着60%以上的完成度。现在，她每天会列出超过七项任务，并且，能够达到80%以上的完成度，成绩斐然。

小沈就是有意识地在设计自己的改变过程。我们把它简化成一个三阶段模型。请想象一部空调，天气热了，你打开空调，设定制冷温度为27摄氏度，空调开始工作。它首先检测当前室温，发现高达34摄氏度，于是它开始制冷，直到感应到温度到达预定的27摄氏度，结束制冷，进入节能状态。过了一会儿，室温又提高了两度，于是空调再次启动，逐步把室内温度控制在27摄氏度左右。

对比来看，小沈列计划和空调制冷过程有三方面相似：第一，都有一个持续监控的指标（完成度，室内温度）；第二，都有一个目标（60%以上完成度，27摄氏度）；第三，都在当前状态与目标有差距时做出调整（减少任务数量并细化任务，制冷）。这三个阶段就是我们在开始进入探索发现期时自我调节的三个阶段：判断、观察和反馈。接下来我就从观察开始，详细为你讲解。

建立自知之明

小沈非常出色地搭建了自我观察的体系，她选择了任务完成度作为指标，衡量自己的改变情况，并且持续进行追踪观察。实际上不同的改变存在不同的衡量指标，同一个改变也可以使用多个不同的指标来衡量。你已经知道了使用目标行动发生的概率来衡量任何改变都是适用的，除此之外，行为可能在广泛的范围内发生变化，例如质量、速度、数量、等级、时间等。

明确指标的目的是为了对自己进行观察。我们都觉得很了解自己，于是会对关于自己行为的记忆抱有极大的信任，很少会感到自己需要运用系统自我观察的技巧。但是，当一个人开始仔细地进行自我观察时，他会感到十分吃惊，并有真正的发现。在《哪有没时间这回事：碎片化时代的正确打开方式》里，我推荐了一款可以用来自动记录用户在电脑和手机上各种时间消耗的软件，很多读者都在微信上告诉我，他们的确知道自己经常浪费时间，但从没意识到自己浪费了那么多的时间，花在正经事上的时间居然如此之少！

改变最大的障碍就是对自己行为的错误认知，自我观察提供促使我们逐步完善的反馈信息。如果你是在练习投篮，球总是向左偏，要想进步，你必须先知道自己是左偏，然后才能相应地调整。在改变的过程中，对自己进步的即时评估至关重要，因为在改变自己的时候，绝大多数进步并不是突然发生的，而是循序渐进的。没有仔细的观察和记录，你就不会注意到细微的进步或顽固的错误。

自我观察还会对我们的改变有促进作用。在一项实验中，一群大学生短跑运动员被分为两组。第一组被告知他们每次跑的成绩，第二组则不被告知。在整个下午，每组运动员都跑了十次。十次测验之后，没有成绩反馈的一组运动员，他们的速度和开始测验时一样，但被告知反馈信息的一组则跑得越米越快，他们利用自己所获得的信息提高了短跑的速度。

自我观察必须做记录，以下为你说明做记录的具体方式，从最简单的概率记录到最全面的碎片化日志。

每周频率记录：这是最简单实用的记录和观察的方法，以七天自然周为一个周期，观察自己的改变目标有几天达成，它是对目标行动的频率观察。例如：

- 一位男士观察自己一周有几天健身。

- 一位母亲观察自己的宝宝是否每天都大便。

- 一位大学生记录自己一周去图书馆的次数。

- 一位父亲观察自己陪伴孩子的天数。

- 一位女士观察自己一周吃垃圾食品的次数。

- 一位出门在外的年轻人记录每周和家里通话的次数。

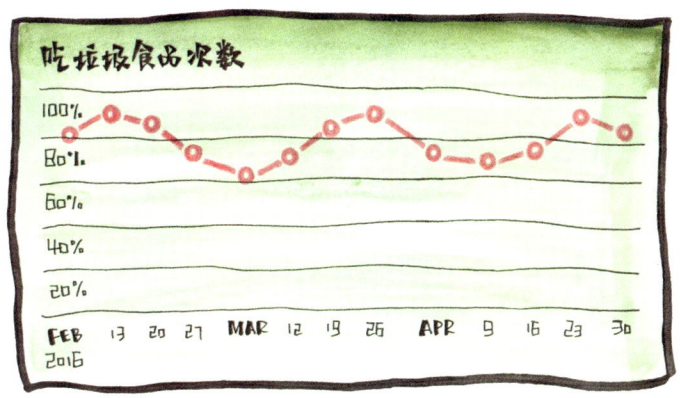

每周/月度概率变化：与前面类似，也是记录频率，不同之处在于这是从目标行动发生概率的变化来审视自己，通过它可以清楚地看到自己在一个较长时间周期内的进步。

记录行动的数量：有的时候，一些目标行动每天要发生数次，记录这个数量可以反映改变的成果。例如：

- 一位大学生记录他每天咬指甲的次数。

- 一位会计师记录他每天喝水的次数。

- 一位公务员记录了当面对他人反对时，他进行自我批评思维的次数。

记录行动的效果：还有的时候，行动的质量也是需要关注的因素，这时，就有必要增加指标来衡量行动的效果。例如：

- 一位高中生记录了每天在作业上花费的时间。

- 一位健身者记录了自己每周跑步的公里数。

- 一位自媒体人记录了自己每篇文章的点击量。

记录所见、所思、所感：在行动发生前后对自己的思维、行为和情绪进行记录，可以帮助我们更加了解行动的前因后果。例如：

- 一位已成功节食好几周的人，有一份他当初沉溺于大吃大喝时的日记，他发现他仅有的两次暴饮暴食都发生在工作压力非常大的晚上。

- 一位记录了"我为什么会点着一根烟"日记的吸烟者，找出了全部刺激他吸烟的情境：所有的社交聚会，喝咖啡时，感到烦闷、生气、激动,每顿饭后,等等。

随着记录的深入,你会发现,仅仅记录目标行动的发生是不够的,它的发生过程可能更为重要。像小杨那样过分关注自己的体重变化并不会对改变起到良好的作用,她更应该关注的是自己的饮食和健身。关注过程,你才能改善它,目标也就会随之实现。

一定要注意,记录对你而言也将是一项重要的改变,虽然我们没有必要对记录再进行记录,但是,诸如"烂开始""提升便捷性"等原则同样适用于记录本身。手机是一种很好的随身携带的记录设备,但在特定场景下,做一张记录卡片摆放在其中可能是更好的方式。

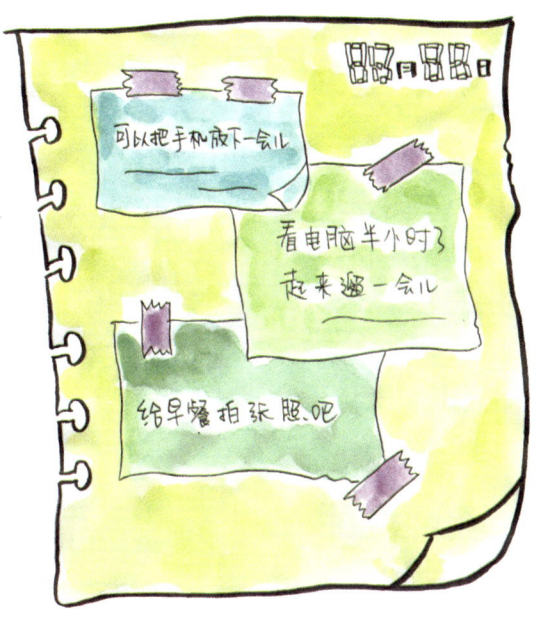

当你逐渐在方方面面对自己进行数量化和持续跟踪时，你就会发现你对自己的认识更为清醒理智，也就不会拍脑袋想出不切实际的目标来了。

没达成目标不是失败

你可能认为，改变就应该先设定目标，然后以目标为导向开始行动。这种想法放到实践中显得过于理想。因为在没有采取行动获得足够的经验时，你很难制定出靠谱的目标，这也是这一阶段被称为探索尝试期的原因，目标需要根据行动的情况随时调整，而自我观察和记录就是最重要的依据。

在进行了一段时间有效的自我观察后，你就可以设定阶段性的改变目标了。目标的设定必须和观察的指标结合，如果你在减肥，你要观察和记录的是自己的饮食内容及锻炼项目，你的目标就不应该与体重挂钩！

自律者总是会通过设定清晰、具体、能达到且有一定挑战性的目标，很好地唤起自己的努力。就像小沈，她并没有强行要求自己去追求100%的任务达成，而是设定了60%的完成度作为目标，这一目标足够明确，她设定这一目标是已经实践并自我观察了一段时间，60%的目标对她来讲仍然是有挑战性的，但是她觉得自己可以达成，而且她也真的做到了。有了目标的指引，小沈会更有动力去努力调整自己每天任务的数量和明确的程度，这促进了她更加进步。

在这里，我有必要给你提供一个与你以往认知截然不同的观点，就是在改变的过程中，目标的作用不是用来衡量成功与失败的，而是用来加强你对自己的认识和判断能力的。我们经常会凭借一腔热血给自己定下不切实际的目标，新年时、鸡血后，甚至读完这本书之后，你也很可能用力过猛地开始自己的改变，实践过程中的困难和不确定性总比我们最开始想的要多，若把达成目标视作成功，那么我们更可能在改变的过程中感受到强烈的挫败，这对改变没有任何好处，还会极大影响自我评价，导致下一次改变更加难以发生。

最初不切实际的目标，源于我们对于"实际"知之甚少，缺乏足够的行动体验和自我观察，也缺少足够的反思，作为时常盲目乐观的人类，我们的目标总是定得很大。若小沈一开始就给自己设定80%完成度为目标，实际的执行情况将会和目标有很大的差距，这时，如果小沈能够把这种差距看作自己最开始目标设定得不够合理，并且自己的实际执行过程有调整空间，那么她就会调整目标，使之趋近于合理，并且开始着手进一步设计自己的行动，来使自己的完成度可以有所提高。

因此，目标应该被我们视作一种反馈，我们应该多设定短期的目标来加强自己反思和调整的机会，在改变的道路上，只有判断的失误，没有彻底的失败。

制造出"我能"的感觉

不论你认为自己行，还是认为自己不行，你都是对的。

一款改变的游戏，玩的就是体验，制造的就是感觉。自我效能感是在改变过程中最重要的一种感觉，它代表了你感觉自己是否有能力达成想要的改变。这种感觉极大地影响到我们愿意去尝试哪些事情，影响到我们坚持到底的动力。它决定了我们付出多大努力、坚持多长时间。举例来说，如果你不相信自己能够戒烟、改善饮食结构、结交新朋友、获得证书和文凭或创立自己的公司，你就已经在头脑中给自己制造了最大的障碍。

我们过去的成功经历，可以很好地提升我们的自我效能感。每当你在某个方面体验到成功，你完成这类任务的自我效能感就会增加，这甚至会鼓励你去尝试新的改变。失败的经验则会起反作用，如果一再体验到失败，你会开始自我怀疑，认为自己无法改变，无法达成目标。这时，你缺乏的并不是能力，而是强有力的自我效能。

如果小沈每天关注的不是自己完成了几件事，而是有几件事没完成，她就在降低自己的效能感。因此，多思考自己的成功、优势，比关注自己的短处和失败要好得多。错误和失败所造成的麻烦并不在于其本身，而是它们滋生的消极观念降低了自我评价。但如果可以把错误和失败视作学习经历，并从中吸取教训，再把这些教训应用于新的改变，就可以增加未来成功的机会。

自律者并不是一群盲目自大的人，他们不会天天重复"我很棒，我一定能成功"之类的成功学鸡血，他们更不会追求完美。事实上，雄心勃勃的人大都有完美主义的倾向，但那些出类拔萃的自律者很少是完美主义者，他们给自己设定富有挑战性的目标，他们善于变通，能够把错误和挫折视为前进道路上的正常遭遇，他们给自己设定切合实际的目标，并且会不断把长远目标分解成一个一个的子目标。

一些小的工具和方法可以增加你的动力，帮你在自我效能感还不够强大时为成功加码，尤其是当你改变的热情开始消退时。随着时间推移，你会开始忽略自己的目标，会分心，会遗忘，会停止尝试，会放弃，这时运用一些小技巧来提醒自己，可以起到事半功倍的效果。

用卡片提醒自己：给自己写下能够提醒自己的话语，贴在显眼的地方，冰箱上、电话上、衣柜门上、卫生间门上、钱包里、电脑或手机的屏保等。这可以帮助我们不偏离方向，每次看到它们，都可以问问自己："我今天为此做了什么，明年可以做些什么使我进步？"

用图像来吸引自己：视觉形象可以激发强烈的情感反应，从更深层次激励我们。一张照片、一幅图画如果体现了改变的意义，就可以强有力地推动我们不断努力。

想象：你可以栩栩如生地想象自己改变后的结果，这被广泛用于自我激励和达成目标。

和他人谈论自己的改变：这可以增强我们的使命感，有利于我们专心完成任务。如果对方正在做和你相似的改变，或者大力支持你，这将会更有意义。尤其是那些因为你的努力改变而受到影响的人——你一路上都需要他们的支持。当人们理解你，理解改变对你为什么如此重要，就会更愿意与你同舟共济，所以争取伴侣、孩子、朋友、上司或同事的支持，有助于为自己铺平道路。

奖励：给自己设定一些达成目标或阶段性目标的小奖励，让奖励的大小与你需要付出的努力成正比。请注意，一定要达成目标再奖励自己。

感觉只能是辅助，要想实现改变，还必须具备一种过硬的能力——问题解决力，它将帮你披荆斩棘，在下一章我会详细向你介绍。

人生充满问题

不解决问题，就会成为问题

"人生苦难重重"，这是《少有人走的路》全书的第一句话。我看到时吓了一跳，居然还有人这么写书，不过细想想，这的确是事实。人生充满问题，遇到问题并解决问题的过程，正是人生意义的所在。有些问题是日常生活中的小烦忧，有些问题是我们多年无法克服的大挑战。人际关系、健康、事业、家庭等诸多方面都会有接踵而至的困难，一波未平，一波又起。

那些选择逃避问题的人，最后都成了问题。作为一个自律者，你所要接受的巨大挑战就是尽一切可能去面对问题并解决问题。你把问题解决得有多好，决定了你的生活有多好。当你把问题视作一次提升自己的考验，并且制订计划采取行动，你就可以获得掌控感，这会让你的心情更好，更少有压力。

所以在这一部分里，你要学习的内容可以应用在改变的过程中，也可以应用在其他方方面面。当问题出现时，你要学会寻找解决办法，并且准备采取各种必要的措施来解决问题，这样会增加你解决问题的可能性，更好地满足你的需求，也会让你精神振奋。

能否成功战胜困难,首先取决于你对待问题的态度。我在培训课上,经常会给学员做这样一个练习,让他们的右前臂抬起,右手手心向上,要求他们找到一种方法,可以在不转动手腕的情况下让自己的右手手心朝向下。学员们一开始觉得这是不可能的,面面相觑。可是,当我明确地告诉他们,这不但可能,而且就连我的女儿都会做,大家就开始讨论起来了。过了一会儿,每一组都找到了解决方案。通过这个练习,大家都意识到了两件事情。首先,当相信的确有解决方案存在时,他们就更愿意去寻找答案,也就更可能找出答案。其次,当大家在一起,互相讨论和支持时,和自己一个人冥思苦想相比,能够更快更好地解决问题。

相信问题能够被解决十分重要,当然,的确有很多时候我们真的无能为力,这种情况下最大的挑战是接受现实,承认当前的情况超出了我们的控制。事实上,能够接受那些不受我们控制的情况,恰好就是进行控制的一种方式,是我们自己选择了顺其自然。

然而,在绝大多数情况下,我们总可以采取某些措施来解决问题,或者至少减轻问题造成的影响,只是多数人并不掌握问题解决的策略。

学会提出解决问题的问题

我说多数人并不掌握问题解决的策略,是基于很多人向我提出的问题所做的判断。读到此刻,你肯定对我已经有了比较深入的了解,你也很可能对于自律和改变仍然存有疑问。现在请你闭上眼睛,想象一下,你有一次机会和我进行一次面对面的咨询,咨询目的是要解决你的某个问题,现在,请你思考,假设你在咨询过程中只能向我提出一个问题,你会怎样提问?

在你思考时,我首先得和你澄清一个会产生歧义的词汇——"问题"。用英文来区分它会非常有效,它有时表示problem,有时表示question。整个这一部分内容,我们都是在聊如何去解决一个problem,刚刚我提到,我通过观察很多人向我提出的question来推测多数人并不掌握解决problem的技巧。可以说,当一个人提出了一个question,这个question可以很好地反映这个人对于他所面对的problem的思考程度,拥有problem解决能力的人能够提出较好的question,而多数人提出的question都是糟糕的。

请看以下两个question:

老师,我有拖延症,怎么办?

老师,离我交报告的截止日期只剩5天,前面的25天我都浪费掉了,我必须按时完成,可我却总是不想写,老玩手机,我该如何保证把时间用在写报告上,按时完成呢?

当两个question置于上面的比较之中时,你会很容易看出哪个是更好一些的question，仅仅从字数都可以直截了当地体现出来。但是，我们经常会提出类似第一个也就是较差的那个question，并且没有意识到自己提出了一个糟糕的question。

　　刚才让你思考如何向我提出一个question，这个练习我经常用在真正的咨询中，通过它来判断求助者对自己所要解决的problem的思考程度。理想状态下，要解决一个problem，必须先把problem界定清楚，一个定义良好的problem包括四个部分：现状（initial state），目标（goal state），可能的操作、行动（operator），可能的限制、障碍、困难（restriction），四部分首字母缩写为"IGOR"。IGOR模型可以用来分析和界定一个problem，而一个好的question也应该包含这四个部分，可以说，当你面对一个problem，如果你已经将IGOR四个部分清晰完整地分析出来，你应该已经可以解决这个problem了，即使自己还不能，你也已经可以通过向专家提出question来解决它。所以解决一个problem就是要尽可能界定清楚IGOR。

　　"我有拖延症，怎么办？"这样的question被我称为"泛统"（泛泛、笼统）question，它不足以达到最基本的清晰明确。遇到这样的question，我不得不把大量的时间用来帮助求助者逐一明确IGOR。找我咨询的求助者常常会发现，我会较少地告诉他们应该怎么做，大部分时候我都是在向他们提问，提问的目标就是为了帮助他们澄清自己的problem，一旦界定完毕，他们自己往往会发现一些解决方案。

搞不清楚状况

要去解决问题，首先得搞清楚现状，就像小时候做的数学题：

"已知张三有10元钱，他买了一个球拍和一个球，还剩3元钱，已知球拍比球贵3元，问球拍和球分别多少钱？"

题目里面的大部分内容都在描述现状，即客观事实，这是解决问题必须提供的基础信息。但在提出关于个人改变问题的时候，人们经常忽视这一方面，不提供信息，或提供极其抽象模糊的信息、非常主观的信息、缺少程度量化的极端信息。请看以下三个问题：

1. 老师，我应该如何更自律？（没提供关于现状的任何信息。）

2. 老师，我有拖延症，怎么办？（用"拖延症"这个抽象、模糊且每个人理解不尽相同的词汇来描述现状，同时，也是非常主观的自我评价信息。）

3. 老师，我本应该写论文，可是我老是喜欢玩电脑或玩手机，时间都白白浪费掉了，请问我要如何戒掉网瘾和手机瘾，专注写论文呢？

第三个问题尤其可以着重聊一聊，看上去提供了很多现状信息,"本该写论文""老玩电脑手机""时间浪费""网瘾手机瘾"……但这些信息都是模糊的、以偏概全的,如果这是面对面找我咨询时提出的问题,我将不得不去澄清以下一些客观事实,然后才能帮他解决问题。

1."本该写论文",哪些天?这些天的哪些时候?为什么认为这些时候"该"写论文?

2."老是喜欢玩",玩多久?是你认为该写论文的时候玩还是其他时候都在玩?分别花了多长时间?玩是指玩什么?为什么说"老是"?

3."时间白白浪费掉",浪费了多少?写了多长时间论文?为什么用浪费来形容自己玩手机的时间?

4."网瘾和手机瘾",哪儿来的词汇?凭什么说自己成瘾?成瘾的表现是什么?是一天24小时都玩吗?占多大比例呢?那么没玩的时候都干什么了呢?

5."专注写论文",怎么不专注了,用了多长时间?在哪里写?是边玩手机边写吗?怎么算专注?应该花多长时间写论文?

可以看到,我追问的问题都是在把问题的现状具体化、客观化、数量化,缺失了问题的澄清,我也只能和求助者说"加油"。这就像医生,中医的望闻问切,现代医学的各种化验和检查，都是为了把病人用语言描述的主观感受变成客观事实，才好下判断。

当然，主观感受也是很重要的，如果一个人感到自己很沮丧，那么，这也是一种客观事实。

除了已知的一些信息，还应该分析过去进行的努力及其结果。当你说想变得更自律时，最好想想你曾为自律采取过哪些行动，最后结果如何。

你的目标到底是什么

和现状一样，目标状态也需要被清晰界定，客观化、具体化、数量化。在球拍和球的问题中，目标状态就是要知道球拍和球的价格。

很遗憾的是，大部分人在思考问题时同样忽略思考目标状态，转而采用不明确、不切实际、矛盾对立的方式来描述它。

1."老师，请问我如何管理好时间？"（模糊的目标状态。）

2."老师，我想戒掉网瘾手机瘾，怎么做？"（不切实际的目标，戒掉是彻底不碰手机和电脑吗？）

3."老师，客户经常要求提前交付时间，然后找老板，老板找我，这严重打乱了我的工作安排，怎么办？"（描述一种矛

第三章

盾对立。）

电影《让子弹飞》的一段台词，可以很好地体现澄清目标的重要意义。

> 黄四郎：三天之后，一定给县长一个惊喜。
> 张麻子：汤师爷，他是胡万的恩人，现在又成了你的恩人。你给翻译翻译，什么叫惊喜？翻译翻译，什么叫惊喜？
> 汤师爷：这还用翻译，都说了。
> 张麻子：我让你翻译给我听，什么叫惊喜？
> 汤师爷：不用翻译，这就是惊喜啊。
> 黄四郎：难道你听不懂什么叫惊喜？
> 张麻子：我就想让你翻译翻译，什么叫惊喜！
> 汤师爷：惊喜嘛……
> 张麻子：翻译出来给我听，什么他妈的叫惊喜！什么他妈的叫他妈的惊喜！
> 汤师爷：什么他妈的叫惊喜啊？
> 黄四郎：惊喜就是三天之后，我出一百八十万给你们出城剿匪，接上我的腿！明白了吗？
> 汤师爷：这就是惊喜啊！
> 张麻子：翻译翻译，翻译翻译！
> 汤师爷：惊喜就是三天之后，给你一百八十万两银子出城剿匪，接上他的腿！
> 张麻子：哈，大哥这他妈的惊喜啊，小弟我愿意等你三天。
> 黄四郎：好！

前面提到的想专注写论文的求助者，是完全不需要戒掉手机和电脑的，也不可能，这既是一种不切实际的目标，又是一组矛盾对立，把写论文和玩手机对立起来，好像戒掉了手机就会认真写论文一样，这就错把消除障碍当成了目标，使自己陷入更复杂的问题。

有时，目标可能离现实太远，难以抓住，这时可以切分子目标，选择一个更近的抓得住的目标先进行改变。那位被客户和老板打乱工作计划的员工没有意识到，他那被老板打乱的工作计划，本质上也是为老板制订的，老板现在要求他优先做另外一件事，这完全合情合理。他所感到的压力来源于他受控于他人管理，自己不是自己的老板。要想摆脱这个局面，只能自己努力当自己的老板，但立刻辞职不干显然不明智，于是一个可能的子目标是通过自律把自己能够自主的时间和事情做得更好，更为具体地说就是先学好时间管理。

是什么在阻碍你

一个搞清现状、确定目标的题目，才能被解决。但，清楚了起点和终点，只要拟订计划然后采取行动就好了，为什么还有那么多人做不到？为什么还有那么多人明知有更好的活法却仍然沉浸在痛苦、沮丧、颓废的状态？为什么我们不能完成那些应该做的事情而使生活更加美好？

实际情况是，轮到行动时，我们大都不够积极，我们并不习惯于需求解决办法；我们即使知道该怎么做，也常常不愿意付诸实施。遇到阻碍的时候，我们太容易放弃，而且我们经常遇到阻碍。

在清楚目标和现状后，你必须分析所有的限制。限制有三种：可以克服的困难、自我的心理设限和无法逾越的客观限制。前两种可以采取方法消除，最后一种必须学会接受。

实际存在的困难常常要求我们采取行动，例如和他人沟通，重新分配我们的时间资源或改变我们原有的生活方式。

没时间：时间有限，不能完成所有必要的事情。

没钱：财力不足，难以提供我们达到目标所需的东西。

没动力：因为压力、疲劳、疾病等原因，缺乏干劲、不能完成应该做的事情。

没人支持：追求某些改变的过程要花费大量的时间和精力，这会让我们与伙伴、家人、同事或朋友产生矛盾。别人的需要或者愿望可能会妨碍我们追求自己的目标，特别是当他们不支持我们的时候。

目标冲突：前面提到过，任何改变都不是凭空实现的，必须以改变原有行为为前提。但鱼和熊掌难以兼得，追求某些改变就会让我们难以实现其他目标。例如，你想做一番事业（需要长时间工作），同时保持健康的生活方式（需要经常锻炼，减少压力），又想和孩子们保持亲近（需要更多的陪伴时间），还想让家庭富裕（需要长时间工作）。

没有技能：有时，为了改变，必须先掌握某些技能。比如沟通技巧、时间管理、预算编制、烧饭做菜或学会利用网络赚钱。

现实中的困难很少是不可逾越的，但确实考验我们的决心，而一旦深入内心，我们的想法、情绪和态度就会阻碍我们，我们会逃避，还会找借口，会给自己一堆并不存在的限制。

害怕：这是最大的障碍，它抑制我们的动机，让我们常年陷入痛苦的情境。我们怕的东西很多：怕失败、怕被人责怪、怕犯错误、怕改变、怕压力、怕麻烦。

贪心：我们想得到自己想要的改变，还想不牺牲和改变任何其他。我们总是不自觉地期待改变像魔法一样"唰"地发生。

惰性：我们有保持原样、维持现状的惯性，改变要求我们克服走老路的倾向。

犹豫：我们总希望行动前有保障，有确定的结果，不然，我们就会在各种行动选项中挑来挑去，最后常常决定不做任何行动。

还有一些困难，的确客观存在，但却是暂时改变不了的情况，非要较劲只会产生更多的问题。

无聊时总刷手机：人们大都如此，问题不是刷手机，是无聊。

状态不佳时不想做事：人们大都如此，问题不在于不想做事，在于状态不佳。

突发情况打乱计划：人们都会面对打搅，问题不在于突发情况，在于被打乱。

当你在自我观察之下逐步行动时，总会遇到实际执行与目标期望不符的情况，这时，你要静下心来，分析这些障碍是上述的哪（几）种情况，之后设计新的行动来克服它们。

用新行动扫清障碍

一旦我们弄清了自己的障碍，就可以为克服它们想办法。我们需要列举出所有可能的操作。

Shirley想拥有健康的生活方式，具体来说她要减肥、改善健康状况、改善饮食结构。以下是她所面对的障碍——

现实困难：

- 早起锻炼感到困倦和疲惫。

- 爱人喜欢在外面吃晚饭，影响自己在家吃晚饭的改变。

- 工作日里不方便买菜，影响在家做饭计划。

心理阻碍：

- 喜欢在晚上吃甜食，这使她感到放松。

- 不相信自己能有多大变化，可能控制不住自己。

- 缺乏耐心，总想更快得到结果。

- 原来的生活方式已经习惯，很难改变。

要解决现实的困难，我们需要提前铺平道路，这要求我们做出决定并贯彻执行。有些时候，我们必须有所取舍，重新考虑事情的优先程度，暂时把一些目标搁置，以便实现最重要的目标。有时候，需要我们放弃舒适，也许进行一项投资，或者早起，或者练习放松缓解压力。有时候，我们还需要与别人沟通，听听别人的建议，或者自己做一番调查研究，尝试用新方法来办事情。每一个现实障碍，都有潜在的克服办法，选择哪种取决于我们的现状和可利用的资源。

为了克服现实困难，Shirley列出了以下行动：

早睡早起，步行+小跑去单位。

早起后吃甜食作为给自己的奖励，也提前储备运动的能量。

跟爱人聊一聊，让他理解为什么自己要做出这些改变，请他支持。同时也鼓励他尝试改变，选择健康的饮食和生活方式。周末和他一起在外面吃饭。

周日一大早就去菜市场，把一个星期的蔬菜和水果都买好。

为了克服心理阻碍，Shirley把所有她意识到的自我设限的想法都写在纸上，并且对每一种想法，都给出了一种新的替代想法，新想法对改变起到推动作用。

- 开始时也许有点难，我不需要改变吃甜食的习惯，这的确让我开心，只是我不一定非要晚上吃，早起后吃甜食同样可以让我满足。

- 我不需要在体重上有多大变化，事实上如果我能够把我现在想到的都做到，就已经很棒了，而且，我相信那时我的体重一定会有所变化。

- 没人几天就完成减肥，我应该把这看作我的新生活方式，而不是单单去达成一个减重的目标。

- 过去的生活方式和习惯也是经过了很多改变才养成的，我也成功地做出了很多改变，只要我习惯了新的更健康的生活方式，良好的自我感觉就是最大的奖赏。

当Shirley有了这份行动清单，她便可以着手去落实，每个行动都帮助她克服特定障碍，这会极大增强她的自信心。

从努力坚持到坚持努力

完整的改变过程

现在，你已经学习了改变的核心方法，从酝酿与准备阶段到探索的发现阶段不断迭代进行的行为分析、自我调节和问题解决，你已经具备实现自律改变的全部知识。接下来，我将通过我自己的早起改变，向你展示其全过程，帮助你掌握具体方法。

我开始意识到自己应该早睡早起是在2008年年末，那时我得

第三章

了一场大病，在医院里住了一个多月，在反省人生时，我决定不能再像之前那样生活，我不想为了追求生活品质和内在幸福以外的目标而牺牲生命的长度，我打算从作息规律开始。

在那之前我过着怎样的生活？也许和你现在差不多，甚至更糟。起床和睡觉没点儿，不取决于自己，决定起床时间的是早上不得不做的事情，睡觉的时间则是无法再找到任何刺激来填补睡前空虚的时候。早餐是个可有可无的东西，另外两顿饭也不一定都能按点按量吃好，没有锻炼，事业遇到瓶颈，毫无希望和起色，还算爱学习的我却掉进成功学的鸡汤里难以自拔。事实上，如果没有一次狠狠的病痛，我可能还会是那副德行。我向很多人询问过他们做出人生重大改变的契机，往往都是一次彻头彻尾的痛，健康、家庭、事业上的一段低得不能再低的谷底经历。

我只知道自己要改变，但却不知道其中有很多方法，值得庆幸的是，我开始对于我之前关于时间管理、关于成功的学习和实践方向有所警觉，我意识到我得慢下来，不能逼迫自己，这不是一个战胜自己的故事，这是一个让自己与生活握手言和、和谐相处的机会，我是怀着一种敬畏的心情开始尝试改变的。

出院之后，我开始尝试早睡早起，那时给自己定的作息规律是23点前睡觉，5点半起床，但那段日子，绝对可以算得上"烂开始"，一个月当中可能只有一两天是5点半起来的，剩下的早间都昏睡度过。幸运的是，由于我心里在等待新年来临这个颇具仪式感的时刻，所以我并没因自己糟糕的早起成绩而受挫，反倒利用这段时间读了不少关于睡眠的书，又对早起之后的事情有了安排，这些准备工作帮助我在新年后有了个更顺畅的实践。

2009年1月1日，我开始正式早起，起初我认为，从原来混乱的作息规律走过来，我必须给自己留出时间，因此我不应该直接做到5点半起床，而应先从6点半开始尝试，但实际发现，这并不会比我设定5点半的闹钟让我更舒服，也没能增加我的早起成功率。面对这个问题，我开始分析原因，似乎几点起床对于我起床后的感受影响并不大，实践的过程中我也体验到出了被窝之后我会更容易清醒，于是出被窝成了新的目标，解决方案就是把闹钟放在离我更远的位置，必须下床才能把它关掉，而时间，我直接设定到了5点半，并且提前买好了公司食堂的早餐券，起来后简单收拾一下就出门，二十多公里的路这个点出发35分钟准到，到了就能吃上丰盛的早餐。这一调整效果明显，虽然那时我并不懂得自我观察的重要性，但早餐券帮了我，它很好地反映了我在工作日的早起成功率。

实践了一段时间，觉得自己还应该更早休息，晚上不再做打游戏之类的事情了，保留和爱人一起读书、看电影的活动，我们经常在19点半之前吃完晚餐收拾完，选一部电影来看，之后就洗漱休息。

第三章

就这样，持续了三年，新的问题出现了，孩子出生了，之前把闹钟摆远的方式显现出问题了，原本只是叫醒我和我爱人，现在会吵到孩子。除此之外，这三年的实践中，我经常会担心闹钟把自己叫醒得太过粗暴，我爱人也经常说我起床起得太猛，长期没有丝毫缓冲时间的起床让我担心对健康有影响。为了实现缓冲和不吵到家人，我设计了双闹钟法，第一个闹钟音量柔和，用来温柔唤醒自己又不会影响家人，这会给我几分钟间隔用来缓冲。第二个闹钟仍然摆远，用来促使自己出被窝下床，而且，为了防止孩子被第二个闹钟吵醒，我往往会提前下床关掉它。实践证明这非常成功，可以说完美解决了我所有的障碍。

到2012年，我开始给别人分享我的早起经验，还专门开设了这个课程，非常受欢迎，这也使得早起这件事情对于我而言多了一份新的意义，在接触到了《4点起床：最养生和高效的时间管理》这本书之后，我也开始跃跃欲试。到2012年年底，我决定开始4点起床，并且在微博上发布了这条消息，一位粉丝表示要跟我一起实践4点起床。

这时，我已经完成了我的心理学研究生课程，并且系统地学习了关于改变的方法。我深知自我观察和记录的重要作用，于是我给自己做了一周的表格，4点起来就打钩。第一天我起来了，那位粉丝也起来了，第二天我起来了，那位粉丝也做到了，第三天，我起来后就爬回去接着睡了，第四天根本就没起来，那位粉丝还给我加油鼓劲，第五天我还是没起来，那位粉丝表示彻底失望，不再跟我玩儿了，第六天我起来了，第七天还是没起来。那位粉丝一定认为我很失败，而且由于他并不掌握我已经实践出来的方法，很快就彻底放弃了这次改变，而我看到我的记录卡上有三个钩，高兴极了，因为我一生中从没有哪一周有三天4点起床的，"我能"的感觉如此强烈，使我非常有信心把这件事坚持下去，到现在，4点起床已经快5年的时间了。

2013年，我坚持做记录，并在微博上晒起床时间，一年下来，我有200天是4点起床的，超过一半，基本及格，这个概率令我相当满意，但仍有提高空间。另外的165天，除了个别生病或特殊情况，大部分时间都是关掉第二个闹钟之后，又回到床上接着睡了。经过观察和记录，我分析出三种障碍：

1. 起来后的身体困倦感。

2. 起来后要做的事情是否明确且有吸引力。

3. 起来后所处环境的舒适程度。

我发现身体的困倦感可以在比较短的时间内（几分钟）消失，可以通过喝水、吃东西、刷牙、洗脸、活动身体、思考、等待等方式消除掉。更影响早起的是早起之后的事情，如果提前安排好并适当安排些有意思的活动，会更可能不回到床上。

而如果早起之后的环境舒适，也会减少回到床上的可能性。有了这些操作，开始行动起来，提前准备好，早起的成功率进一步提高了。

现在，早起对我而言是一种生活方式，是我的个人标签，是影响我每天效率、决定我的早餐质量的重要因素，也是我帮助更多人实现自律的重要方法。

自律的改变

前面已经为你完整地展示了改变的前两个阶段的详细方法与过程，在最后的巩固与升华阶段，你的改变将牢固地与你的人生大方向紧密相连，它对你的意义也得到提升。就像早起对我而言，最开始只不过是我作息规律的调整，现在对我的意义却远不止如此。

如果你能够尽早将改变与更大的生活目标联系起来，就可能提高改变的成功率。因为当我们眼下的改变目标与我们的人生目标相符合时，我们更有可能为之努力。一位长辈告诉我："我一直想减肥，因为我知道那样我会更好看，但我从来没有开始行动，直到我已经60岁了。然后我认识到一点：没有肥胖的老人。我想如果我不减肥，我将会早逝。"一旦他将减肥与活得更长的价值观联系起来，改变就更为容易。

非对抗式改变

心理学家在梳理了大量研究资料之后，归纳出我们中的绝大多数人为之而努力奋斗的四类人生目标，你会发现自律的改变与这四类目标完全契合。

体验诸如愉快或放松之类的积极情绪；

保持积极的自我评价；

感到与他人联系在一起，关心他人，并得到他人的接纳；

精力旺盛，充满活力。

自律的人都在追求更加自由，而自由与幸福紧密相连，自律的人会觉得对自己的生活有驾驭感，他们对未来感到乐观，他们不孤僻、好交往，而且努力构建良好的自我评价。追求自律的人也愿意和同样追求自律的人在一起，这使得他们的朋友圈有更高的质量，更积极向上的状态，他们在追求良好的生活方式，这使得他们在别人眼中是更阳光和更具能量的。

第三章

到这里，你已经掌握了改变的方法，接下来，我会给你介绍自律者的十八般武艺，这些都是一个优秀的自律者一定会使用的工具、技巧和方法，其中的每一项对你而言可能都是一项新的改变。你不需要一下子做到，每新学到一项武艺，就用本章中关于改变的方法去思考如何才能做到它，如何才能发生持久的改变。

第四章
自律者的技能清单

这一章,我会介绍自律者的十八般武艺,每一项对你而言可能都是一项新的改变。你需要把它与前一章提到的实现改变的方法相结合,考虑如何获得持久的改变。

第四章

迅猛行动的技能

随手记出行动力

☐ 感到事情多、杂乱，压力大。

☐ 好多事情想做但没时间，空下来的时候又没做什么有意义的事情。

☐ 有些事情经常意识到该做，但就是没去做，甚至思考和焦虑那件事所花的时间都够把它做三遍了。

☐ 在工作中经常被其他事打扰。

☐ 各方面难以平衡，顾此失彼。

自律者也会时常面对这些问题，他们会使用一项超级工具来解决这些问题，这一工具被称为"随手记"，也是你迈向自律应该做出的第一步。

随手记就是要把脑海中产生的关于"应该做某事"的想法立刻写下来，就这么简单。比如你此刻想到"啊哈，那么我应该找个工具来开始随手记"，你就应该立刻写下"找随手记工具"。

随手赶走压力

事情一多，种类一杂，人们就会感到压力。这并不奇怪，因为我们的头脑并不善于同时处理很多事情，尤其是大脑的"工作记忆"，容量极其有限。它主要用来临时储存信息，并且和大脑的其他部分协同配合来解决复杂问题，它的容量只够装下四件事，超过了这个数量它就搞不定了，必须借助大脑的长期记忆来储存，这时，压力就来了。

就好像让你边溜达，边读这本书，边心算83乘以75，你会发现，同时干三件事对你来讲完全不行，你必须至少暂时搁下其中一件事。现实情况中，被你搁下的那些事有的紧急，有的重要，有的不早点做完会有糟糕的事情发生，有的具有诱惑力，有的你一点也不想干，每一种情况都会让压力多那么一点点，积累起来就是山大了。

写下来则不同，相当于用了一个外脑，所有事情不是堆放在脑子里，而是陈列在眼前，你的大脑不用存储它们了，就可以更好地处理每一件事情。有不少人找我咨询的问题就是事情多，而当他们在我面前把所有事情都写下来，总是会发现事情没有他们想象的那么多。

通常，人们事情一多，就总想到找张纸写一写，这也会起作用，只不过是临时抱佛脚，写的都是眼前紧要的事情，忽略了很多其他事情仍然存在大脑里，它们会在将来的某个时间变成紧要的事情，继续令人焦虑。所以随手记，要每天都发生，要时刻都发生，想到了就赶紧写下来，把脑子里各种翻腾的小捣蛋鬼都抓出来扔纸上。

随手驱散无聊

平日忙得要死，周末却闲得令人发指，没时间学这学那，没时间锻炼，有时间的时候却能抱着手机呆傻两小时，为什么会这样？短视！一有空闲，脑子不是去搜寻有哪些更值得做的事情，而是寻找眼前最容易做的事情，于是工作、生活、任务堆一大堆，自己却浑然不觉，沉溺在当下的刺激里。

把那些任务随手记下来，大脑就没法欺骗自己了，不能再说现在无事可做，玩手机是上佳之选。那些想戒掉刷手机习惯的人，有了事情做，不无聊了，自然就不会老和手机较劲了。

随手克服拖延

老王家里厨房的门吸坏了，门只能半开着，每次在厨房进进出出，总得先用脚把门全打开，再端着碗筷通过，每次，老王都想着要解决这个问题，但又觉得有点小麻烦，很快这念头就被其他事情岔过去了，下次进厨房才又重新想起来。

这种事情，越拖越不想做，而且忙着做饭刷碗的时候也腾不出工夫，老王拖了半年也没去解决它，直到他用了"随手记"，把"厨房门"三个字写下来了，第二天他就抽空找了个东西把门塞住，解决了这个问题，用了不到两分钟就解决的事情，却想了两百天，只靠"随手记"这一个动作就完美搞定了。

随手应对干扰

经常有人做事没个条理，这件事干到半截儿，就又跑去做另一件事，整天挺忙叨，却又没什么成就。当你做着事情A，脑子里想起了事情B，最应该做的不是立刻着手做事情B，而是把B随手记下来，然后接着做A。同样道理，当你做着事情A，有人来打扰你，要和你讨论、商量、分配事情B，你最应该做的是当着对方的面把B随手记下来，然后继续回到刚才做A的状态。

即使不是所有人来找你你都可以这样出招，也不是所有的事情都适合这样处理，但这丝毫不影响你使用这一技巧，面对干扰，立刻随手记，然后回到原来的状态继续做事。自律者总是努力按照自己期望的节奏走，他们会去学习和应用各种沟通技巧，来和他人"谈判"，以便为自己争取更多的专注时间，避免自己乱了阵脚。

尤其在办公室里，干扰是不可避免的，而随手记+沟通可以帮你避免干扰所造成的困扰，为你创造更大的职场腾挪空间。

随手保持平衡

自律者总会努力让自己在各个方面保持平衡，他们关注自己的身体健康，更会去丰富自己的头脑，他们把时间花在自己所热爱的工作上，同时也会兼顾兴趣爱好，他们不但能照顾好家人，也能很好地维护朋友和伙伴关系。

这样的状态是自律者努力追求的，但达成对他们来讲也并非易事，总会有些方面和眼下紧急的事情相比显得无关紧要，但眼下紧急的事情又总是接踵而至。自律者不会放任自己一味赶工，他们通过随手记让每一个需要被关注的方面都可以进入自己的视野，并且分配出哪怕一点点时间向前推进，绝不会彻底牺牲某个方面来换时间。

可以说，自律者通过随手记实现了对所有事情的一视同仁，让它们能够有公平的机会得到自己的关注。

随手记的注意事项

当你开始进行随手记,你要准备好方便的工具,每天都要随时随地抓住脑子里的想法。不要让事情有分别,无所谓大事、小事,也无所谓紧急的事、重要的事,更加无所谓远的事、近的事,不加区分、不要遗漏地把它们写下来,这样才能够避免拖延,实现平衡。

不用担心记得太多做不了,记下来不代表一定要做,不用思考太多,不用顾忌前因后果,只是记下来,让大脑不再去费心想它们。

如果是别人交代的任务,一定要当面写下来,表示对对方的尊重,同时也是一种很好的反馈,是职业素养的表现。

最后也是最重要的,记下来并不是目的,把事情记下来随时翻看才是真正重要的,所以要时常去浏览。

从清单中找回掌控感

☐ 做事经常不踏实、不专注,总觉得自己可能还有什么事情该做没做。

☐ 经常无聊、拖延和感到不平衡。

☐ 一直不知道怎样才是自律,如何才算迈出自律的第一步。

为了发挥随手记的强大威力,你必须重视随手记的"产品"——清单。随手记下的事情，会形成一张不断增增减减的清单，我们称之为"待处理"清单，它必须成为你每天做事的依据。

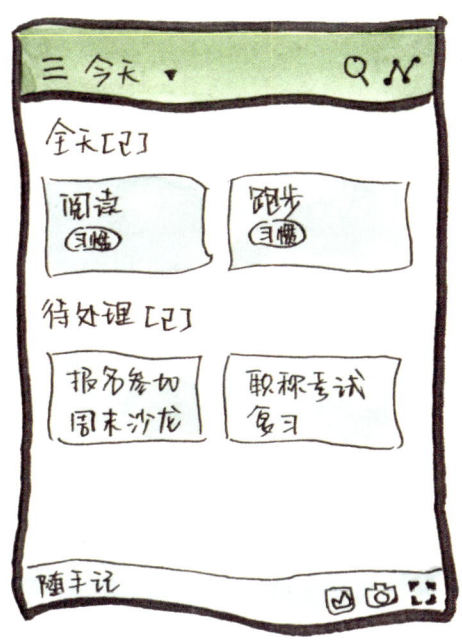

开始自律的标志

一个自律者一定会使用方法来管理自己，而日常事务的管理是最重要的一个方面。用清单来组织、安排、提醒自己要完成的任务，是一个人开始践行自律的重要标志。随手记形成的待处理清单，应该是你每天经常去浏览和操作的，每天打开它的次数应该比微信多！

你每天的时间应该大部分花在处理清单上的事情，剩下的时间要么是在娱乐休闲、放松发呆，要么就是处理紧急事务。要做到这一点，你必须不断扩大随手记的内容范围，并且相信和依赖你的清单。

很多人觉得这是一种束缚，写在清单上了就必须按清单去做，他们更愿意从大脑中提取事情，而不是清单上，这样，他们就能够有对自己撒谎和妥协的余地。实际上，你完全不需要给自己很大压力，"待处理"清单不等于"待行动"清单，"行动"只是"处理"的一种可能性而已，清单给了你一个缓冲，可以让你更理性地去思考和安排每件事情，而不是像放在大脑中那样，想起来就烦，烦就不去想。

随手记列清单不应该成为一种负担，因此在随手记时，你只需要用最简短的文字记录最原始的想法即可，只要能保证在24小时之内，打开"待处理"清单，你还能想起这是件什么事就足够了。

放弃所谓优先级

当你开始把待处理清单作为你的行动依据，自然而然就会想到去排布其中事情的优先级。按照怎样的策略去制订做事的优先

第四章

顺序就成了一个新的问题。我在这里要告诉你的是，无论以前你听说过怎样的优先级安排方法，它们都是错的，行不通的。

你可能听说过时间管理的四象限法，被誉为高效能人士的重要习惯，把事情按照紧急性和重要性划分成四种，并且推荐先去做重要而不紧急的事情，以避免不紧急的事情拖着导致变紧急，使自己总处于"救火"的状态。这一说法无疑是正确的……屁话，它只适合规划人生大方向，不适合用来划分日常事务。另外一种常见的方法就是把事情标注ABC，A类优先，C类最后。无论上述哪种方法，都是听上去很美操作起来很拧巴的，单单是把清单上的事情分门别类标注优先级，就已经让很多人痛苦不堪了，而实际执行时往往还无法按照自己标注的顺序去做，那挫败感真是大大的。

这类方法的错误在于单纯以事情为导向，忽略了执行事情的是人而非机器人，是有着短视、逃避和冲动基因的人类，不可能绝对理性地按照严格的优先级去行动。

其实我们每个人都有"内隐"的优先级，清单上的事情，有我们现在就想立刻开始行动的，也有一直拖着不想去做的，根本无须标注。而我们标注的往往是"应该"的，不是我们实际想要的。当我们把自己拖着不想去做的事情标注为优先时，二元对立就又产生了，做不到又觉得该做到只会增加自己的痛苦。无论你给事情标上重要、紧急,还是A类,事情本身都并不会发生任何变化,你自己也不会发生任何变化,你无法因此把一件你倾向于拖延的事情变成跃跃欲试、急着开始行动的事情。

你已经知道自律是一种运用自己意志力的策略,在执行任务时,优先顺序的考量应该以人为本,以促进增强意志力或减少意志力的消耗为导向,请看下面两件事情,假设它们就在你的清单上:

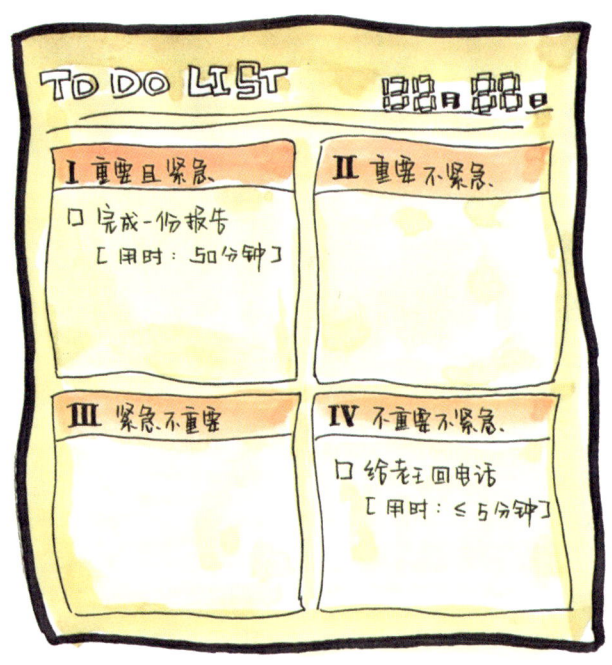

如果按照事情应该的优先级，不用说，绝对应该先做第一件事，但是人们会倾向于先做第二件事，因为它简单。而且，当你只花5分钟完成了一件事，就可以在清单上打一个大大的钩，这会增加你的成就感，让你更有状态去做有挑战性的第一件事。但若反其道行之，硬要按重要紧急之类的优先级来做，写报告的同时，脑子里会不停地闪过给老王回电话的念头，尤其是碰到写作困难的时候，每次都得消耗意志力把自己重新拉回到专注写报告的状态，不但半天得不到成就感，还消耗了意志力。

所以清单上的事情，在执行时凭感觉，看心情就好，状态好的时候就挑战下难度颇大的事情，状态不佳就做些简单的事情制造成就感，切莫拿"应该"苛责自己。

使用待处理清单的注意事项

你的待处理清单不是每天一份，而是只有一份，随着每天的随手记不断增加条目，随着你的行动逐渐减少条目。待处理清单上的事情不是要一天做完的，甚至上面的一些事情可能根本不需要你采取行动。

当你开始以待处理清单为依据做事，你可能会发现，有一些事情仍然会被拖延，它们滞留在待处理清单中就是不挪窝，这是正常的，因为这些事情需要你先处理，再行动，跳过处理的步骤直接行动，困难会很大，也就更容易拖延。

切分切掉拖延症

☐ 很多事情迟迟无法开始，无从下手，一想起来就焦虑。

☐ 焦虑一件事情的时间有时足以把事情做完，但就是焦虑。

饭要一口一口吃，事情要一件一件地推进，自律者不会对事情做无谓的焦虑，只会进行有效的思考，他们会一次性"把水烧开"，让每一次思考都能得到需要的结果。在待处理清单上的事情，尤其是那些比较困难容易拖延的事情，你应该提前进行思考，一旦决定要做，就要思考下一步可能的行动是什么，把它找出来开始行动，然后再次思考下一步可能的行动是什么。我们称这项技巧为"切分"。

只见森林，不见树木

面对一件困难、复杂的事情，普通人很容易就吓退了，在他们看来，要是不能一下子搞定事情，那不如干脆不做这件事。自律者则懂得切分，在他们眼中，多大的森林都只不过是由一棵棵树组成的，他们清楚知道自己作为一个普通人，是完全有能力砍倒一棵树的，也就肯定可以砍倒一片森林，只是时间长短的问题。

自律者面对一块大蛋糕，会举起小刀，切一小块，放到自己盘子里，优雅地把它吃掉，然后再选一块切下来继续吃。普通人则对着整块蛋糕愁眉苦脸，不知从哪儿下嘴才好。

第四章

在第三章讲解改变的方法时,你已经知道了"改变是一大坨行动"。这正是自律者看待任务的方式,做一顿晚餐和举办奥运会并没有什么不同,差别只是行动的数量。他们会耐心地聚焦于眼前看得到、做得出的行动,一点一点把整件事情做完。

随手记下的是"原材料"

随手记下的事项呈现在待处理清单上时,都只是粗糙的原材料。就像各种蔬菜,有些可以直接吃掉,比如黄瓜、西红柿,有些则必须加工,比如茄子、白菜,切菜是加工的第一个步骤,把菜切细碎既方便烹调,又容易下嘴。

对待处理清单上的事情进行切分,将会使事情变得更容易被执行,你不再面对整件事情,而是聚焦于它的一个部分。和切菜不同的,你并不需要把整件事情全切好再行动,而只需要切出一块,就可以开始行动了。

块切得太大,仍然会难以行动。适中的大小最好。从事情角度看,切分出来的行动能够达成一个明确的结果;从时间角度看,切分出来的行动半小时以内就能搞定为宜。一个行动达成一个结果,行动后可以给自己带来成就感,并且能感到事情在向前进展,半小时以内的时间我们比较容易控制和把握,压力也不会太大,出现临时变化或突发干扰也不会很影响节奏。

有些时候,你会发现事情在着手前很难切分出一个具有明确结果的行动，必须依靠行动过程产生结果，这时，你仍然可以对事情按照时间去切分，先执行一段时间（比如半小时），无论结果如何。

另外，切分起到的作用是化整为零，降低行动的心理门槛，让自己觉得更容易执行，从而避免拖延，但是，它并不能保证行动时的效率，因此，你还需要对切分下来的行动进行进一步的加工。

细化出效率

☐ 有些时候，事情其实只需要很短的时间就能搞定，自己却磨磨蹭蹭花了很长时间才干完，感觉很低效。

☐ 即使对事情做了切分，真到行动时仍然会有畏难情绪出现，仍会有不同程度的拖延。

抛开做事所需的专业技能和经验不谈，行动效率低下更多是由于行动不够明确导致的。通过切分你已经明确了行动的结果，但是并没有明确行动的过程。这就像你要穿越一片小森林，如果前面为你事先铺好了道路，你便可以毫无压力地通过，但如果没有事先铺路，你将很可能在里面打很长时间的转才能出来。

"铺路"之于森林就是"细化"之于行动，你应该在计划阶段就提前把一个行动的具体步骤和执行过程思考清楚。当你做到这一步时，你就可以相对准确地预计该行动所需的时间，精确到分钟。

拖沓是因为你"得了帕金森"

曾在哈佛大学任教的英国学者诺斯古德·帕金森早在20世纪60年代就揭示了工作低效的根本原因,并提出了著名的帕金森定律。

一个人的工作会无限膨胀到所有的时间里,也就是说你有一件工作,只需要15分钟就能完成,而你现在有1个小时的时间,那么你会倾向于用1个小时来完成该工作,膨胀出来的时间里你会磨蹭,会进行多余思考,会填充无关紧要的工作细节,会追求完美,总之,你觉得自己一直在工作,却很低效。

这种低效有一个前提条件,就是在开始行动前,你并不清楚你的任务结果应该做到何种程度,行动时应该是怎样的过程及该行动应该花费你多长时间。如果这三者是清楚的,你将可以很好地避开帕金森定律的陷阱。

通过切分,你已经定义了明确的任务结果,通过细化你也明确了行动步骤及行动花费时间,也就是说,当你开始行动时,清楚地知道做到什么程度,该如何做及只需要花15分钟就能做完,你就更可能以接近15分钟的时间完成该任务,而不是1小时!

先写大纲再码字

开始应用这项技巧时,你会发现切分和细化的过程都是颇费脑力的,这也是很多人觉得没必要这样做的原因,他们认为这是在额外花费时间。错！任何行动你肯定都需要思考，这不是增加了思考，而是把思考前置。如同穿越森林的比喻，你要么提前铺路，要么进去探路，修路的活儿肯定少不了，差别只在于效率，提前思考，想的时候高效，做的时候更高效；边行动边想，两者都变得低效，还往往会因为思考受阻而拖延。

和我写书一样，如果我先想好"先写大纲再码字"这部分怎么写，写的时候就会清晰很多。

1. 思考不是额外的，是必需的，只是先思考和后思考的问题。

2. 举个我写书的例子说明先思考的好处。

看到了吗，我只需要花上1分钟认真把上面两个步骤想好，写的时候就如行云流水，只剩下一些遣词造句的细节问题了。

切换出专注

☐ 时常感觉自己做事难以专注，容易分神。

☐ 做事时间一长效率就大幅度降低。

当自律者已经练就上述四种武艺时，他每天做事的依据就可以由待处理清单过渡到行动清单，由于行动清单上是已经切分和细化的具体行动，这些行动可以被更容易地启动，更快速地完成产出结果，这时，自律者就具备了强大的切换力，可以在多种任务之间并行推进。

长时间专注不符合时代也不符合人性

很多人都希望自己可以保持长时间的专注，一坐一下午，三四个小时专心致志做好一件事，这基本上是痴心妄想。即使是打游戏、看电影、读小说，你也会经常分心涣散，休息一下，只是这些分神的时间被我们自己忽略不计了。人的注意力本就有限，而且能集中注意力也是需要比较苛刻的条件的。

心理学家米哈里·希斯赞特米哈伊用"心流"这个词定义一种将个人精神力完全投注在某种活动上的感觉，而达到这种状态需要一些条件。

> 我们倾向于做；
>
> 有明确目标；
>
> 有即时反馈；
>
> 我们对活动有掌控感；
>
> 力所能及且有一定挑战。

在以上条件满足的情况下，我们会有心流体验。其中第一点和第三点揭示了一个事实，我们不可能长时间专注于一件我们被动而为的事情。考试复习、完成报告、一大部分工作任务，这些都不是我们倾向于去做的，而且它们大部分没有即时的反馈，无法立竿见影出效果。

而现今的干扰之多，信息之泛滥，是以往任何时代无法比拟的，外部环境很难提供给你一个三四个小时免打扰的时间，你只能自己有意识地花费大量努力去创造（比如早起）。

多线程并行处理任务是王道

在这样的时代，企图让自己做到长时间专注是一种不切实际的奢求，但这并不表示我们不能获得短时间的专注。

通过切分和细化，你行动清单上的每一个行动都满足进入心流的条件。通过切分，行动有了明确的目标结果，而且行动花费时间较短，完成后能够立刻有反馈。通过细化，行动的过程了然于胸，制造了掌控感。这些行动虽然不一定是你想去做的，你并不能从中得到正向的满足，但是尽快从清单上消除掉它们同样可以带来成就感，而清单上的行动是你已经决定采取行动并知道怎么做的，因此一定是力所能及的，这里唯一的挑战就是你能否快速开始并按预期执行。

第四章

在这个时代自律者要练就的本领，应该是在若干微小行动中快速切换，最多保持半小时的专注，这样，每天进行了大量有明确结果的产出，成就感满满，而且，什么事情都不会耽误，各类事情都在有条不紊地向前推进，就如同电脑的程序，看上去是同时进行的，实际上是电脑的处理器把时间快速切换，分配到了不同事情上。

主动碎片化更高效

在执行行动清单时，你甚至可以每执行完一个行动，就给自己一些小奖励，喝口水、吃点东西、看5分钟电影、玩10分钟手机之类。既然我们需要这些娱乐活动，何必和自己过不去？与其大段大段地花时间投入在这些看上去比较浪费时间的事情上，不如和工作任务一起穿插进行，这样有收有放，不会觉得自己像苦哈哈的工作机器，也不会放任自己大把地荒废时间。

这里面需要你自己有规则，并且可以切实保障规则执行，行动时就专注去做，休闲时就有节制地玩。

日清，不再债台高筑

☐ 每天事情很多，心里总有事，压力大，甚至入睡困难。

☐ 事情经常堆积，总觉得干不完。

☐ 时常拖延。

提到规则，你应该遵守一条铁律，我们称之为"日清"，就是每天要清空待处理清单。不能让待处理清单中的事项数量滋长，多了就会给我们带来巨大的压力。遵守这条规则可以倒逼你推进事情，避免拖延，当然，这一规则必须建立在你已经可以熟练对事项进行切分和细化的基础之上。

信息分门别类

随手记下的除了待办事项，还可以是灵感、笔记、信息、会议纪要、名言警句、日记等内容，把这些内容保存下来是非常有必要的。内容是不需要采取什么行动的，但应当被分类存档。

使用电脑的人通常会头疼一件事情，文件多了，电脑就显得乱了，于是我们花很多时间建立文件夹，把文件放到相应文件夹里，很快，新文件又乱堆在一起。电脑文件、手机信息、保存的文章都是如此。和我们的屋子一样，大扫除一次，不去保持很快就又乱堆乱放了。

通过日清，每天你都把新信息归类，贴上相应的存档标签，便于以后查阅，这样，每天的信息量其实非常小，随手就能做完，保持自己的待处理清单干干净净的，需要的时候可以轻松搜索到。

事情切分细化

前面提到过,事项被切分细化后的行动应该形成新的行动清单,在自律帮的App中有很多方式,我推荐新建一个"行动"标签,把所有的行动存档于该标签下。

App中的标签可以设置是否显示已完成的事项,可以选择不显示,这样,行动清单上的行动完成后就会消失,而行动清单就成了你日常管理事务的重要工具,这上面的任务都需要越快越好地完成。

约会排入日程

随手记下的事项,有可能是一次会议或和其他人的一次约会,会有明确的时间和地点,这时就可以直接把事情安排到具体的日期时间。这样,在日历上就可以清晰地看到自己哪天哪个时间段有事情,哪些时候空闲,方便对未来的事件和时间进行安排。

这里有一点需要注意,只有约会类的事情由于有明确约定时刻,才适合安排到具体时间,其他一些任务类的事情其实并无所谓何时开始,没有必要精确地安排到一个具体时刻。如果在该时刻不能开始行动,会徒增烦恼。

适当权衡取舍

随着你记下的事情越来越多,你会发现,有一些事项可能并不一定需要立刻开始行动,你可以把它们单独存放在一个地方，偶尔翻看即可。还有一些事情，你会发现弃之可惜食之无味，这时，你要考虑到人的时间和精力是有限的，如果你已经有了自己明确的方向，而眼前的事与它关联不大，大胆放弃会是明智之选，这样主动的舍弃，避免了以后为它付出更多的时间和精力。

日清的注意事项

对处理清单上的事项进行上述处理，可以随时随地利用碎片化时间进行，也可以在固定时间进行，理想状态下，每天晚上睡觉前能把待处理清单清空最好。有些人在早上更容易专注，也可以选择在第二天一早来处理。

对于事情不太多也不那么紧急的人，每天晚上集中处理一次就够了，对于事务非常繁忙的人，一天可能需要安排两次到三次专门的时间来处理，这样才不会耽误事。

获得了这项本领，行动对你已经不再是事儿了，接下来要解决的是在最合适的时间最做合适的事情。

分段，合适的时间做合适的事

☐ 感觉每天时间安排比较混乱，缺乏合理的时间规划。

☐ 做事容易东一榔头西一棒子，做着这个想着那个，没有章法。

☐ 不知道如何更好地利用时间。

考虑安排时间，应该先去安排每一天，把一天分成若干段，每一段时间里，你都处在不同的环境，有着不同的状态，分别根据每一段的特点去思考如何利用时间，做哪些事情更合适。

保持时间安排的弹性

给每天分段就像给抽屉摆收纳盒，目的是为了整齐和分类，而不是给自己找不痛快。很多人初次尝试自律就是从按照提前写好的时刻表做事开始的，很快就受挫了。那种几点吃饭、几点睡觉、几点看书的时刻表太过刻板，缺乏弹性，我们很难完全严格按照准确的时刻开始执行，这就反倒让自己难受了。

有的看上去也是按段划分的，比如几点到几点做什么事，但这种划分只考虑了时间，没考虑其他问题。一个人做事是需要条件的，除了需要花费时间，自身的精神状态、手头的物品、所处的环境及和他人的互动都会影响行动，都应该考虑在内。

所以我这里说的分段，是考虑了所有这些因素分的段，上班路上、午餐时、等电梯时、开会时、洗澡时，下午犯困时……你会发现每个情境下你能做的事情是不一样的，因为你的状态不一样，所处的环境也不一样。

善用自己的头脑

我们,早上和晚上判若两人。早上想未来想得多,晚上及时行乐更盛行,早上的你更积极,也更会迎难而上去解决问题,晚上就得过且过,当一天和尚撞一天钟了。午后你的大脑会昏昏沉沉,临到傍晚可能又重新来了精神。我们也是典型的两面派,当人面一个状态,独处时又会是另外一个状态;在窗明几净的环境下就能专心致志,在混乱不堪的嘈杂中就很难提起心气儿。

这就是人,有血有肉有周期的人,你到现在应该也活了有一万天左右了,应该对自己每天每时的变化有所感知和总结,别拧巴着,下午状态不佳非让自己专心对着电脑工作,早上神清气爽却把时间都扔在交通上,这样不就是把意志力白白消耗了嘛。

自律者有自己的节律,按节律做事,事半功倍。

聚焦每一个场景利用时间

探讨如何充分利用每天洗澡的时间要比探讨如何充分利用每一天靠谱得多,因为更聚焦了,场景更明确了,所有的条件也都固定下来了,更容易找到好的方法来利用。洗澡的时候可以听音频、新闻资讯、各种课程或音乐放松,都会是不错的选择。这样微观地思考更容易落地。

当你开始思考自己每天的时间段划分时,这不仅仅是分段的问题，还要对每一段要做哪些事情有足够的思考和充分的准备，所以我建议你一点一点地来，先从一天当中你最容易把握的时间段开始，把这个时间段按照你自己的理想过好。可以说，能过好一生的人一定能过好每一天，能过好每一天的人一定能过好每个时间段。

自律者通常都会从早起的第一个时间段开始，让自己变得更好。

早起的奇迹

☐ 总是要加班，总有些事情得回家干。

☐ 白天总得应付一堆沟通协调的事情，免打扰时间少。

☐ 感觉自己睡眠质量比较差，精神状态有待提高。

如果说用清单来管理自己是一个人开始自律的标志，那么早起就是一个人自律程度的体现。你会发现，很多人天然地排斥早起，但随着他们越来越自律，他们会发现早起是自律者的必选项。关于早起的方法，前面我已经详细讲述过了，网络上也有我的课程，这里就不赘述了。

以早服人

早起有什么用？网上有很多书籍已经大量列举了它的好处，我这里只给你谈一个实际的案例。

小七的工作是做工程项目，要在客户的公司协调客户公司的员工来一起做事。最近，小七有了一家新客户，该公司是中国顶级的高科技公司之一，且世界闻名，公司的员工自然一个个牛气哄哄，根本没把小七这个二流公司的外来户放在眼里，工作配合上一直打折扣。

小七看了我的书，开始和我一样4点起床，并且要求客户公司的同事5点钟必须到公司开会。工作可以打折扣，但硬性要求他们不敢不从，只好早早起床到公司和小七开会。原本，他们以为小七只是一时心血来潮，过几天肯定就坚持不住了，没想到小七连续一个月都是如此，而且每天都精力旺盛。他们可不知道小七会利用工作时间偷偷小睡一下补充精神，一个月之后，这些客户公司的同事都熬得不行了，一个个都对小七佩服得五体投地，工作也积极配合了。小七就这样实现了他到新客户这里的破冰。

早上加班的是高效能人士

早上的时间，是非常清静无打扰的，这段时间最适合做些需要相对专注的工作。很多人的工作都常加班，有些人选择滞留公司耗时间完成，有些人选择把工作带回家晚上完成。加班本身就很有可能是自身效率不高导致的，而解决加班问题却又是通过延长工作时间这种错误的方式，真是在一天中的每个时间都做错！

自律者则不会这样做，如果非要加班，他们会尽可能把工作安排在早上，早上的时间有限，有限的时间倒逼更高的效率，所以他们晚上不用耗在公司，不用舍弃生活。你会发现，自律者不会放纵自己，也不会苛责自己，但他们会常常使用倒逼的方式，制定目标促进行动，早起促进早睡，早上加班提高效率，所有这些都体现了自律的策略性。

早起带来的精力充沛

很多人觉得早起就会困，多睡就能精力充沛，但是周末他们美美地睡上一觉，也不能精神抖擞，也无法让午后的自己不倦怠。

一个人白天困不困，是受身体周期支配的，也受环境和所从事的事情影响。真要是困了，短短睡上一会儿就能解决，靠早晨睡懒觉是不管用的，那段时间不但睡眠质量很差，而且还白白浪费了很多时间。

早起，可以促使睡眠质量提高，让整个人一天都在积极又有成就感的状态下开始，使全天都能保持良好的心态，早起这个习惯，是个多功能的大招，所以说，到达一定程度的自律者，必定是会早起的人。

制订能被完成的计划

有些学员也曾尝试用清单来管理自己的一天，他们并没有学习前面的方法，只是直接给自己的一天开列一张任务清单，因此经常会出现完不成任务的情况。他们并没有意识到，针对自己的每一天,列出任务目标并能达成任务目标,看似简单却是至高境界,这是要以掌握前面八项技能为基础的。

如果你已经掌握了它们,并且希望进一步提升自己每天做事的计划性,加大自己对任务的掌控感,那么你就有必要开始练习排程,逐渐开始设定每日任务目标。

所谓排程,就是把任务放进时间里。如果你已经掌握了第七项技能,那么你现在的每一天应该已经被划分成了若干时间段,每一段都可以用来排入适当的任务。任务分两种,一种是每天都要做或每周会做上几次的事情,通常它们都是习惯。另一种则是一次性发生的,解决某一具体问题的行动,我们讲的排程聚焦于后者。

在此之前,只有极少数的任务应当放入日程,它们都应该有明确开始时间点的事情,包括会议、面谈、面试、约会、聚会、电影等。这样的事情通常不需要太多的切分和细化,但要保证准时开始,你可以在App中把它们安到具体日期的日程当中,并设置好提醒时间。

目前,你的大部分任务是在你的待处理清单或行动清单里的,它们是你每天行动的基础。接下来,你要逐渐把行动放入日程,开始练习依赖日程。

排程其实算不上计划,更多的是设定目标。这种每天设定目标

第四章

并努力实现目标的过程将会提升你兑现承诺的能力。如果你无论什么事情，总是自己想好了却没做到，总是对自己撒谎、妥协，那么你将失去对自己的信心，也就失掉了自己对生活的掌控感。因此，在练习排程的过程中，要尽可能保持合理的目标达成概率，避免产生挫败感。那些没打好基本功就开始列日程的人，通常都无法坚持，他们最多只是在事情多时才临时拿张纸写一写。

在第三章，我给你介绍了学员小沈统计自己每日任务完成率的过程，她就是在进行排程练习。她每天设定较少的自己能达成的任务目标，小心地维系任务完成率，这使得她可以顺利坚持下来，并且有机会逐渐提高完成率。

刚开始进行排程练习，你可以先不用排进时间段，只把当天的目标任务确定下来即可。推荐你从至多每天三个任务开始练习，如果连续两周都可以保持百分之百的目标达成率，就可以再增加一个目标任务，逐渐提高数量。我建议你从一开始就维持百分之百的目标达成率，哪怕只从一件事情开始练习也没关系，不要给自己留下妥协的可能性。

排程的事情应该是你认为你一天当中最重要的事情，完成了它你可以获得如释重负的感觉，并且获得高价值感。因此，排程的事情对你而言会比较有挑战性，你应该用一天当中状态最佳的时候去搞定它们，如果可能，你甚至可以为自己专门安排出处理排程目标的时间段，这样它便拥有"神圣不可侵犯"的地位，也就可以避免其他琐事挤占你完成目标的时间。

　　从时间比例上来看，刚开始练习排程，排程的任务目标应维持在全天20%左右的时间为宜，也就是一天当中你有15个小时的话，排程的任务应不超过3小时，剩下的时间仍然从待处理清单或行动清单中找适合的任务执行。你不能将时间排满！因为一天当中你肯定有时间浪费，也肯定需要应付一些被动的打扰，还得花时间去处理待处理清单上的其他事情，而且，你还有很多习惯等着去执行。必须保持时间上的弹性，考虑到自己的平衡。

　　到目前为止你学到的九项技能，可以使你在极高强度的工作状态下游刃有余。通过随手记你解放了大脑，全面管理了一切事项并且捕捉到了很多有价值的灵感。通过清单你开始自律，开始对自己有要求。通过切分和细化，你把清单上的粗糙想法变成了一个个具体的、可预测的行动。通过日清，你不会让事情堆积，也就不会允许自己拖延。通过制造成就感的执行方式，你增强了完成清单上行动的能力。通过时间段划分，你可以做到利用最佳时间高效处理最合适的事情。通过排程，你获得了对事情的掌控感。

　　这个时候的你，可以面对纷繁复杂的任务，不再会为拖延问题发愁，可以多线程并行处理各个方面的行动。接下来，你要开始升级为中级自律者，把所有的已知培养成为习惯，在各方面平衡好自己的生活。

构建生活的技能

让坚持看得见

要真正获得初级自律者的九项技能,你必须不断地练习,练习的目的是为了养成习惯,而有意识地培养习惯是中级自律者的典型特征。当技能成为习惯,我们所需要花费的思考与精力上的投入将会大幅度降低,而我们的获得却不断提高,体现出一种边际效应。

而刚开始培养习惯时,所付出的成本是非常高的,需要我们消耗大量心力去有意识地坚持一件事。然而,"习惯成自然"的说法常常被曲解为"自然成习惯",人们在习惯培养初期的精力投入普遍不足,往往表现得任性随意,即使决心很大仍然无法避免三分钟热度的状态和半途而废的结局。

因此,使用自律策略引导自己的注意力更多地关注还处于幼苗阶段的习惯尤为重要,签到、打卡的记录方式是最为简单和有效的引导策略。中级自律者每天都会记录很多习惯的完成情况,以此来评估自己目前的坚持情况,思考接下来需要解决的问题。

从每一天的视角来看,习惯其实也是一项任务,应该是被切分细化好的具体行动,也应该出现在你的日程当中。之前提到过,在你的日程里,每个时间段用来存放两种任务,一种是一次性的任务，另一种就是习惯。出现在日程当中的习惯，就是你对自己承诺当天要完成的行动，你应该已经开始每天依据清单和日程做事了，所以每天都能一览自己当天要完成的习惯，这样，也就能够把注意力更多地放在习惯上，不会因为一次性的任务过多而挤占习惯的时间。

在清单上完成习惯，也就相当于做了习惯记录。标志着该习惯在当天达成，这样，便可以从一个较长的时间范围去统计习惯的完成概率。

你应该时常关注这样一张图，它反映了习惯的概率变化，里面体现了你的进步，也反映了存在问题的一些时间节点。

这张图可以反映长期的概率变化，通常是最近30天，甚至更长的周期。除了关注这张图，还应该关注短期的习惯坚持程度，你应该设定以周为单位的坚持目标。例如：一周有四天做到四点起床、一周游泳三次、每天刷牙等。

通过一周打卡图来反映自己的目标达成情况。

你会发现，在第三章讲述自我改变的方法时，这两种记录方式已经介绍过，分别是"每周频率记录"和"每月概率变化"，整个第三章的方法完全适用于习惯的养成，因此，不再在这里重复。接下来，我要向你介绍中级自律者经常关注的五个习惯，这五个核心习惯加上早睡早起的习惯，使一个自律者体验到持久的幸福，并在生活方式上明显高于常人。

保持健身与健康饮食

"身体是革命的本钱",自律者深知这个普世道理,非常重视自己的身体健康。自律者会精心保养自己的身体,让身体变得"好用"。保持健康的体重、塑造体形、构建以运动为基础的生活方式,这些都是他们会努力去做的事情。

你会发现一些不自律的人体态臃肿,还常把减肥挂嘴边,他们选择减肥的方式通常是药物和节食,而非运动。这些人的身体随着时间推移,变得越来越不听使唤,很多动作都无法做到,而且到三四十岁的年龄,身体的各项数值均超标。

因此,作为自律者的你,无论现在处在什么年龄阶段,保持

第四章

健身和健康饮食都是基础,都将让你一生收益。

一提到健身,很多人就会为难,觉得没时间,也会觉得枯燥和困难。其实,科学家去调研一些长寿老人,发现他们虽然很少健身,但每天的生活完全是建构在运动之上的。他们每天会下地干活,上山采集,在家会编织、会收拾,每天都保持了充分的劳作,每一项劳作都给他们的身体带来活力。而在都市中的我们,能坐车就不骑车,能骑车就不走着,我们的理由可能是赶时间,可赶出来的时间又拿去窝在沙发上打电脑玩手机了。所以我的很多学员意识到这一点之后,都选择了步行上下班,这就是一项很自然的活动,不需要煞有介事地奔健身房、上跑步机,而且很容易坚持。

一旦想到有意识地健身,很多人又会选择很"重"的项目,比如跑步。这样的运动对身体基础状况、天气、场地、装备都有要求,坚持起来是比较困难的,这导致很多人挫败,并且难以再提起兴趣开始。

最容易上手的健身方式我称之为"碎片化健身"。一次健身的时间平均也就15分钟,不受场地限制,无需任何器械,根据自己的身体情况选择适合的健身项目,一次做一组或一套动作,分别锻炼全身的各个部位。这种方式占用时间短,锻炼更容易,坚持成本低,应当每天保持。

所以对于现代人而言,比较务实的健身方式,应该是以日常的自然活动为基础，碎片化健身为习惯，其他如跑步、游泳、骑行、球类等体育运动为补充。这样既能保持充足的运动量，又不会让自己投入精力太多，压力太大。

健康除了与运动有关，还和饮食有极大的联系。自律者知道"不以恶小而为之"，他们会尽量避开不健康的饮食，并且有意识地按照健康的方式合理膳食。

我们从食物当中获得的不仅仅是口舌之快，更重要的是营养和幸福感，那么多人会在朋友圈晒美食、晒厨艺，说明烹调和饮食是生活品质的重要体现，也是自律者幸福感的重要来源。

> 在《中国居民膳食指南》中，列举了以下十条膳食原则：
> 1. 食物多样、谷类为主，粗细搭配；
> 2. 多吃蔬菜水果和薯类；
> 3. 每天吃奶类、大豆或其制品；
> 4. 常吃适量鱼、禽、蛋和瘦肉；
> 5. 减少烹调油用量，吃清淡少盐膳食；
> 6. 食不过量天天运动，保持健康体重；
> 7. 三餐分配合理，零食要适当；
> 8. 每天足量饮水，合理选择饮料；
> 9. 如饮酒应限量；
> 10. 吃新鲜卫生的食物。

滋养大脑

很多朋友读书，都会碰到这样的困惑，搞得自己很焦虑。以前是读书，现在只是替换成了听课，变成了买了课无法坚持听完，听完了也记不住什么。有学习进步的意识是好的，只不过看上去似乎"没上道儿"。

第四章

> 纪老师，我看书经常看不完，怎么办？

> 我想养成读书的习惯，是不是应该每天给自己规定读书的页数，然后按目标完成？

> 我读完书经常觉得自己什么也没记住，记笔记也没用。

自律者不但会保持身体健康，也会保持适度的头脑刺激，其实，我们的大脑都喜欢找刺激，哪怕是拿着手机玩消消乐，也是为了开动脑筋。对大多数人而言，获取新知识、验证新主意、解决新问题都是非常满足的体验。对于善于学习的人来说，很多活动都可以活跃思路：阅读、写作、听课、游戏、与人讨论或看好的电视节目，这些都可以让脑筋得到锻炼。而对于学习不得法的人来说，似乎只有读书和听课才是学习，而且它们还是苦差事。

为什么要看完？为什么要记住？为什么要强迫自己规定进度？听上去像是为了学习而学习，这样的话，学得多反倒负担多，大脑只得到了刺激，却得不到滋养。

经过了多年的应试教育，很多人已经搞不清学习的目的，而且，事实上他们已经丧失了学习最天然的动力——好奇心，这是大脑通过刺激要满足的东西，发自好奇心的活动，绝不会有忍受的意味，也绝不需要有意识的坚持。

好奇心来自哪里？三个方面：

1. 对某一领域由衷的兴趣和喜爱。

2. 对某一问题求解的冲动。

3. 对某一方面自我改变的切实诉求。

比如读这本书，如果你一路读到了这里，说明你在第三个方面有需求。很多人却在三方面全无的情况下开始了一本书、一套课的痛苦吞咽之旅，于是，学不完、坚持不住、记不住的表面现象就掩盖了好奇心缺失的根本问题。

自律者读书，经常读得很快，有时一天一本，有时一天几本，他们并不是要追求数量，也不是本本都从头到尾一字不落地读完了，他们要的是掌握，是出于好奇心驱使，再借由有效的学习和思考方法获得知识。他们也会做笔记，或者思维导图，但绝不是把书的大纲结构扒下来抄在纸上那么简单。通常，自律者都掌握了三种有效的思考方式，这使得他们无论通过怎样的学习材料，都能够获得有深度的价值。

自律者会用自己的语言去重新表达作者讲的内容，他们通常会通过分享的方式倒逼自己这样做，把自己看到的讲给别人听，写给别人看。这个过程并非原样照搬内容，而是对原来的内容进行了加工，融入了自己的理解。你可以停下来看看，到目前为

第四章

止,我讲了些什么呢?例如,"学习应该出于三方面好奇心,加上三种有效的方法才能有效果"。

自律者会把学到的东西和自己发生关联,他们会思考自己过往在这些方面的经历、思考,甚至会跳跃式地想到其他一些关联的问题,这使得他们在头脑中建构起了新的知识结构。例如,你可能会想到之前自己漫无目的的学习,也可能想到了有一些有趣的内容自己其实学得很不错。

最后,自律者会尝试产生可能的新行动,这使得在他们身上发生了真正的改变,这才是学习的最大价值所在。例如,你可能在意识到原来盲目学习的问题后,找出一张纸,分别在好奇心的三个方面思考自己的点在哪里。

对某一领域由衷的兴趣和喜爱:
对自我管理和个人成长感兴趣。

对某一问题求解的冲动:非常想
学会控制自己的情绪。

对某一方面自我改变的切实诉
求:开始先着手早睡早起。

于是,在每个方面,你都有一系列更为明确的任务可以着手去做。

以下是一位自律帮学员看完电影《小男孩》记下的笔记:

分享

电影故事比较老套,叙事一般,但正能量,也比较温情。主题是信念和偏见。小男孩坚定不移的信念"移动"了很多东西,小男孩和日本人最终消除了偏见,建立了友谊。

关联

我自己的信念就没有这么坚定,经常人云亦云,很容易受他人负能量的影响。

行动

1.电影可以给孩子看看,还是不错的。

2.我应该去寻找一位导师,既然我容易受他人影响,那么不如找一位我信赖且有能力的人影响我。

保持平和的情绪状态

除了锻炼自己的身体和滋养自己的大脑,自律者还非常关注情绪健康。现在有太多的人,要么时常愁眉苦脸,要么经常暴跳如雷,他们的情绪状态表现出一种如孩童般起伏、幼稚、伤人伤己。锻炼身体好理解,充实大脑也没问题,但训练自己保持稳定的情绪,对于多数人来讲,都是很少思考过的事情,甚至有人会认为完全没有这个必要。实际上,情绪和身体与头脑都有紧密关联,而且对我们个人成就的影响至关重要,情绪能力在当今社会要比智力对成功的影响更高。

有两种普遍困扰当代人的情绪:焦虑和愤怒。竞争、压力、对未来的不确定性、对不公正待遇的不满,都非常容易激起这两种情绪。现在的人特别爱发愁,愁工资、愁房子、愁教育、愁健康,普遍缺乏安全感带来的是普遍焦虑不安,无法享受生活;现在的人还特别易激惹,大街上经常见到因为一点点小摩擦就互相谩骂甚至大打出手的情况。缺失了情绪控制的人在生活中很难有幸福可言,因为幸福本就是一种主观的感觉,而情绪直接影响到自我感觉。

自律者对于焦虑和愤怒,有自己一套应对方式,并且,他们中的许多人还会每日修行,来保持自己长期的情绪稳定。

首先要谈的是焦虑,这是对未来要发生的坏事情的担心和恐惧。你在一次公开演讲前所体验到的就是焦虑,这时不但精神紧张，而且心跳和呼吸会加快，肌肉也会紧张和出汗。强烈的焦虑或持续时间长的慢性焦虑都会成为最具杀伤力的疾病之一，还会诱发其他疾病，严重影响一个人的行动能力。这个时代的多数人，正在经历这一种持久而弥散的慢性焦虑。和演讲不同的是，这种焦虑不会随着一个事件的结束而消散，必须通过改变自己来缓解。

慢性焦虑来自于我们头脑中的一些思维，它们包括：

过度夸大坏事情发生的可能性："万一我失业怎么办？"

过度夸大坏事情发生所造成的不良结果："如果我被他们看出来很紧张，我将被所有人笑话，那我就再也没脸见他们。"

过度追求完美："不能出一点差错。"

对外部赞赏的过度追求："如果我写的文章只有几十个人阅读，怎么办？"

对控制的过度追求："必须一直盯着孩子，不能让他受到任何伤害。"

因此，有以下一些方式可以帮助我们缓解焦虑：

风险评估：冷静评价自己担心的合理性。因为对大多数人而言，我们所害怕的事情中有90%都从未发生过，而且，即使我们所害怕的事情变成了现实，后果也没那么严重。因此，在一张纸上写自己的担心及最糟糕的结果，能够帮助我们更为客观地审视自己的情绪。

证据论证： 要帮助我们更为客观地看待自己的处境，另一个策略就是写下理由，如同开一场自我辩论会一样，分别写下支持和反对自己想法的依据，并且寻找新的更适合的观点来看待自己当前的处境。

面对恐惧： 有时，不亲自体验一下，是无法认识到事情没有那么可怕的。一个对于演讲焦虑的人，可以试着从面对熟人讲话开始逐步进行练习，让自己一点点地暴露在容易引发焦虑的情景当中，并在其中练习适应，之后再换一个环境体验更高级别的焦虑，通过这种练习可以给自己留出慢慢适应的时间。

转移注意力： 有些时候，根本就是杞人忧天，不去想它就不会焦虑。

解决问题： 有些时候，不能逃避，与其坐在那里发愁，不如站起来采取行动把问题解决掉。

另一种必须探讨的情绪是愤怒，当我们觉得受到不公平的对待时，我们就会愤怒，把矛头指向他人。

它非常特别，并不像焦虑那样，我们会希望消除它。当人们开始生气时，想法和行动往往都是用来令自己更生气的。在愤怒的情绪下，我们往往会做出令自己后悔的事情，有些不可挽回，对我们的工作和生活造成严重伤害。

有些时候，我们的确受到了不公平的对待，但更多时候，我们只是这样觉得而已，如果有可能在愤怒来临之前，就与当事人沟通交流，澄清自己的感受是错误的，就不会产生情绪。比如，一位妈妈在教孩子识字，孩子老是不停地问妈妈同一个字怎么念，妈妈就可能把这解释为一种挑衅进而大发雷霆，但如果妈妈询问一下孩子，为什么老问这个字，妈妈可能会听到一个有趣的理由（比如班里一个同学的名字里有这个字），这时就不会认为这是挑衅的。

但如果没机会沟通，那么就需要以下策略来缓解怒气——

中断：时空隔离是非常有效的方式，暂时远离令你生气的情景，推迟做任何决定或说出任何话，找个地方散散心，可以有效缓解怒气。

锻炼或劳作：身体上的活动可以帮助降低愤怒所造成的身体反应，离开情景后去干点家务活或健身一下，可以很快消除怒气。

思考目的：思考自己做事的目的可以有效引导思维，关注事情而非情绪本身。一位向领导提出建议但遭到拒绝的员工，当他意识到自己的目的是改善组织的效率时，他就更容易发现，发怒并不能实现这一目标。

请注意,由于愤怒情绪的特殊性,一遍遍把自己受到的不公讲给别人听,或者在自己的脑海里重放,并不能释放怒气,反而会使自己更加愤怒。

关于焦虑和愤怒的应对策略,必须以觉察到自己的情绪为前提,而对自我的觉察能力是很多自律者都会有意识去训练的。打坐冥想是最佳的训练手段,呼吸练习则是最简单的入门方法。

通过有意识地进行深度呼吸,可以让自己学会在需要的时候放松自己,从而获得更多对自我的专注力,进而达到对自己思想和情绪的觉察。用数息的方式时常进行练习,对你的身体和情绪状态都会有很大作用,具体方法如下:

放松身体→吸气到头→稍屏住呼吸→心中数1→呼气→默念放松→稍微停顿→再次吸气……

以此往复,每数到10就从1开始数,中途如果开小差了忘记数到几了也没关系,从1开始重新数即可。

这种放松方法可以帮助我们缓解不良情绪造成的身体反应，在呼吸放松状态下，我们能体验到身体的生理变化，包括：

- 呼吸变慢。

- 血压下降。

- 肌肉松弛。

- 氧消耗减少。

只要经常练习，就可以让我们变得平静安宁，增加我们在紧迫处境中的控制感。

维系高品质的人际关系

自律者不仅重视个人修为，还会花很多时间去经营人际关系。因为自律者也是人，而人是社会动物，人类需要社交，这是我们的天性。

哈佛大学关于成人发展研究的领头人带领他的团队，追踪了724个人长达75年，目的是破解关于人们快乐和健康的密码。最后明确的结论是：良好的人际关系能让人更加快乐和健康。仅此而已。

良好的人际关系给自律者带来很多益处——既有情感方面的益处，也有实际的益处。人际关系满足了我们社会交往和归属感的需要，给我们安全感，让我们感受到自身价值，还给我们带来

第四章

开心、娱乐和新鲜刺激。当我们需要解决问题的时候,别人会给我们出主意,提供有用的信息、全新的视角,有时还直接为我们提供实际的帮助。

自律者并不追求关系的数量,而是追求关系的质量,因此,他们会花费大量时间去维系诸如婚姻和家庭、有限的至交好友这样的高品质关系。除了投入时间和精力,更重要的是,他们会保持交流的品质,充分地沟通。事实上,自律者都会有意识地学习沟通,这是他们维系高品质人际关系的秘诀。

那些不自律的人,通常都保留着儿时就已经养成的不良沟通习惯,有些人倾向于避免沟通,有些人沟通时语焉不详,有的人甚至话语中常常带着敌对性的信息,这使得别人觉得受到了威胁,导致对方要么奋起反抗,要么干脆远离他们,长此以往,很难交到朋友。

带有敌对性的沟通通常是以"你"字开头的,将矛头指向对方:

"你只为自己考虑。"(判断和评价对方。)

"你总在指挥我。"(以偏概全,夸大事实。)

"你企图在别人面前羞辱我。"(揣测对方的动机。)

"你真是无所不知。"(嘲讽对方。)

"你再这样我就下车。"（威胁对方。）

自律者在沟通时，不但经常用"我"字开头，而且，沟通的信息会很完整，通常包括以下几个方面：

1. 观察到的客观事实。

2. 自己的想法。

3. 自己的感受。

4. 自己期望看到的结果。

例如，孩子答应按照妈妈的吩咐去倒垃圾，但过了一个小时仍然没去做。妈妈之后再次提醒，孩子答道："马上。"可又过了半小时，垃圾还是躺在那里。现在，妈妈想自己去，但她觉得这会给孩子开一个很坏的头。

若是一位不懂得沟通的妈妈，可能会这样说："这么点小事都不能指望你，你希望我帮你做事情，自己却一点都不为家里出力，这很自私。"

而一位自律的妈妈则会这样说："（客观事实）我早就叫你倒垃圾，你也答应了。后来又叫了你一次，你说马上就去。现在又过了半小时，垃圾还摆在老地方。（自己的想法和感受）我不喜欢再三叫你，免得你说我唠叨。我叫你很多次，自己也会感到不愉快。

可是，如果我不提醒你，事情永远也完不成。（自己的希望）我希望当你说自己准备做某件事的时候，你是说话算数的。"

你瞧，这么一对比，差异是不是很大？

发展高层次的兴趣爱好

你的生活有足够的乐趣吗？

自律者也会从事休闲活动，这是为了快乐和放松。不同的人有不同的兴趣爱好，常见的一些包括运动、手工、徒步、骑行、电影、美食、玩游戏、美术、写作……休闲活动是快乐和放松的源泉，让我们暂时逃离循规蹈矩的日常事务。休闲活动还帮我们抵消生活当中其他方面的压力和紧张。如果能不再忙于工作的话，人们就会考虑花更多的时间来参与休闲活动。

现今，玩手机成了最为普遍的休闲方式，但里面很多内容粗制滥造，标题党屡见不鲜，人们摄取这样的信息，变成了一种被动消磨时光的方式——它们把我们的注意力从别的事情上引开，妨碍我们的社会交往，让我们不能从事更有创造性、更有挑战性的工作。当然，手机上也有好的内容，可以为我们提供娱乐、信息、放松和精神上的新鲜刺激；但是，就像汽车和美食一样，过度地、不明智地使用会悄悄损害我们的生活。沉溺于手机，会剥夺我们其他更有价值的追求——我们本可以阅读、聊天、玩乐器、解决问题、散步、锻炼或从事任何一种有价值的活动，为什么还要沉迷于手机呢？

还有些人认为自律就应该把时间永远用于"生产"，认为快乐的事情不如艰苦的劳作有价值，休闲活动也不能制造出看得见、摸得着的产物。然而，如果我们不能抛开一切顾虑玩乐，那还不如不玩。核心的诀窍就是平衡。

兴趣爱好对于自律者至关重要，如果可能，他们还会努力把兴趣爱好和自己的工作与事业相结合，很多时候，对于一个顶级的自律者来讲，"做最好的自己"就是他们最大的兴趣所在。

实现自我的技能

有目的地生活

你的人生可以选择漂泊，也可以选择航行，看上去都是在生活，但差别迥然。自律者会过有目的的生活，他们不会任由命运摆布，随遇而安，他们总会选择某个方向迈进，即使需要付出艰苦的努力。

即使那么多人、那么多书籍都在劝告我们，生活应该有目标，多数人仍然对这件事情提不起兴趣，他们的理由是，"我很想有人生目标呀,可我不知道我的人生目标是什么",在他们看来,目标是"先挣他一个亿"之类的东西,虚无缥缈、遥不可及,因此他们干脆不要制定这种东西。当你把人生目标看成一种结果,你往往会发现无从下手。其实每个人都可以有人生目标,那就是"做最好的自己"。

当我们把目标看作这样一个不断进步的过程,你会发现实现人生目标的行动可以发生在每一天,而不用等到:

- 毕业后。
- 工作了。
- 独立后。
- 钱足够。
- 遇到"白马王子"。
- 有了孩子。
- 成家立业。

设定一个个目标,拟订行动计划并贯彻实施,这种方法可以让我们完成生活中很多重要的事情。明确生活的目标,可以帮助我们集中精力做自己想做的事情,并且激励我们运用各种资源来完成这些事情。

实际上，一个人的"做最好的自己"的人生目标，可以涉及很多领域，你可以分别为每个领域制定目标，写下你想在这些方面发生的具体变化。

- 健康。
- 人际关系。
- 性情。
- 休闲。
- 知识。
- 兴趣爱好。
- 工作。
- 物质财富。
- 精神生活。
- 个人发展。
- 其他。

要明确这些内容，一个好办法就是想象未来（比如5年）的生活，把"蓝图"描绘好。你可以找个舒服的地方，放松，闭上眼睛，想象出未来自己的生活情景，边想边写，或者录音。

很多自律者都会把目标制定得非常明确，并且可以量化。他们在追求"做最好的自己"的目标时，总会不自觉地做了以下两方面的事情——

对内：不断发现和发挥自己的优势。

对外：不断释放自己的价值，帮助更多的人。

充分发挥优势

自律者并不是完美的人，他们也有缺点，也有弱项。自律者会通过学习来弥补弱项，找一些工具和方法使自己的弱项达到"及格"水平，但绝对不会追求完美。自律者最重视的是其自身的优势，他们会想办法让自己的优势发挥到极致，而这些优势会让别人望尘莫及。

当自律者努力发现和发挥自己的优势时，他们是享受的，他们是进步神速的，他们是令人羡慕的。你可能会好奇，为什么他们可以知道自己的优势所在？为什么自己看不到自己哪儿有优势？顶级的自律者是如何做到的？

当然，自律者绝不是一生下来就知道自己擅长什么，但他们是一群善于反思的人，会观察和发现自己在做哪些事情时比较开心，比较得手，比较有成就感，和别人相比，哪些事情似乎是自己比较自然就能做到的，而别人却觉得惊讶和钦佩。之所以用"反思"这个词，而不是用"坐在那里空想"，是因为一个人不可能靠"想"来得到答案，只能在行动中去发现。好在，一个顶级自律者已经练就了一身高效行动的武艺，他们会在各种对自己有价值的领域进行大量的尝试，在此过程中发现自己的优势所在。

他们也可能寻找一些心理测试来印证对自己的感知，作为一种补充参考，你可以扫描旁边的二维码进行测评。

有些人，即使做了测试，仍然不知道自己的优势是什么，因为他们在寻找"确定解"，一种如同上帝告诉你"你的优势就是这几个，别想了"的感觉。自律者并不会如此思维，他们通过测评和反思，并不是为了得到某种答案，而是为了巩固自己关于"我在这方面有优势"的信念。当一个人相信自己在某方面有优势，就会更有自信在这方面放手发挥，于是，优势就在行动中逐渐浮现出来了。

释放个人价值

自律者相信每个人身上都有优势，也相信"天生我才必有用"。他们工作的目的不是挣钱，而是创造价值，而这种价值来源于他们自身。

实际上，每个人身上都有一些东西会被他人需要，只是我们经常会妄自菲薄，对自己已经拥有的事情习以为常。一位大学生的高考经历会被无数高三学生需要，一位职场新人的求职心路会被无数大学毕业生需要，一位新手妈妈的哺乳经验能帮到很多新手妈妈，而即将读完这本书的你完全可以去帮助更多渴望自律的人。

自律者都是价值创造者，在这个时代，他们更多地选择借助互联网，用分享的方式来释放自己的价值，在分享的过程中，他们发现了需求，找到了自己的定位，积累了自己的影响力，这使得他们成为这个时代的"红人"。